이종분 수필집

럭비공 차는 이사임당

초판 1쇄 발행 2023년 2월 17일

지 은 이 남전 이종분
펴 낸 이 이서영
기획 및 편집 김재석
디 자 인 한빛 이태호
인　　쇄 디에스프린텍
마 케 팅 박장기
표지글체·삽화 담현 유정연(추사 김정희 서예대전 대상 작가)

펴 낸 곳 솔아북스출판사
등록일자 2015년 9월 4일
신고번호 477-2015-000002호
주　　소 순창군 복흥면 추령로 1746
메　　일 ebluenote@hanmail.net
출판저작권 ⓒ이종분, 유정연, 이서영

럭비공 차는 사임당

이종분 · 글

솔아북스

일러두기

이 책은 저자가 지난 10년간 카카오스토리에 올린 글 중에 호응이 많았던 내용을 추려서 책으로 엮었습니다. 카카오스토리에서 표현하는 저자의 말투를 살려 가능한 한 구어체 표현을 그대로 실었습니다. 어떤 독자에게는 오탈자나 사투리로 보일 수도 있습니다. 저자의 말투를 따라 정감 있게 읽어주시길 바랍니다.

나의 남편 버럭님과
내 삶을 반짝이게 해준
딸, 아들에게 남깁니다.

찔레순 따다가
볕 든 장독대에

그애와 앉아
초치장 찍어 먹었네
펌프에 마중물 부어
샘물 올려 들이키고

들이키고
또
들이키고
들이키고

열호당 펜션 야경

그날밤
요대기에
지도 그려 배 띄우고

이른 아침
키쓰고
소금 받으러
골목길 나서는데

열호당 펜션 야경

그 애도
저만치서
키쓰고
언덕길을 내려오더라

용화야
잘사니?

열호당 펜션 가는 길

펌프질해서 물 올려
물 들이키고 들이키고
또 들이키고

배고퍼서 라는 걸
어른이 돼서야 알았네

- 찔레꽃 - 이종분

[목 차]

책머리 글 ········· 16

매(梅) 어린시절 이야기 ········· 21

오래된 미래 ········· 22
우리 엄마는 새엄마 ········· 24
톱 달린 궁댕이 ········· 30
고모가 깨까시 빨아서 줄게 ········· 35
눈과 혀 ········· 38
아부지 왈, '이 때를 누려라' ········· 40
나의 울음이 소리를 잃었나보다 ········· 43
눈깔 빠지면 워쩔려구 ········· 46
아가, 도나스 만들어주까? ········· 49
싸움은 네 자신하고만 해라 ········· 52
어머니의 눈물 ········· 55
내 아버지 떠나던 날 ········· 59

 란(蘭) 서당 풍경 65

난 엄마이고 사람이다 66

이쁜 엄마들 69

손가락으로 사탕 만지면 드럽잖아요 71

길을 터 줘라 73

방구쟁이 훈장님 76

분홍색 엄마 눈 80

한 고개 더 오르자꾸나 83

차라리 나를 쳐라 87

책은 말 무덤 91

수우미양가 93

삼십과 오십 설은밥과 쉰밥 97

니가 내 스승이다 99

[목 차]

국(菊) 내 남편 버럭 ········· 103

뽀뽀에 목숨을 걸다(전편, 후편) ········· 104
내 대가리도 내 맘대로 못 해 ········· 110
부부 싸움의 기술 ········· 113
여보 비가 와야지 무지개가 뜨지 ········· 116
첫사랑, 끝사랑 ········· 118
그렇게 탄생한 군대라면 ········· 122
悲曲(슬픈 곡조) ········· 126
오늘 밤에 당신을 좀 먹어야겠다 ········· 128
당신은 어떠세요? ········· 132
내가 대한민국사람 맞는겨? ········· 136
속마음에 찌꺼기 남지 않도록 ········· 142
구 타(毆打) ········· 145
그냥 만지기만 했는데 ········· 149
이혼 얘기는 왜 꺼내가지고… ········· 151
여보, 내가 얘 혼내줬어~ ········· 156
한 번 밖에 안물어봤잖어 ········· 158

훌러덩	160
찬란한 봄 날에	163
봄을 부르는 말	165
럭비공 차는 이사임당?	168
거시기	170

죽(竹) 열호당 펜션 & 가족 이바구 ········· 173

방장사지 밥장사 아닙니다	174
소갈비 놔두고 뭘 먹은기여?	177
다정도 넘치면 병	179
지팡이를 버려라	182
동서	186
차이	189
워트기 한뎃잠을 재운다냐?	192
흉터가 무늬되도록 두자	195
아픈 만두 마음	200
가정 건강 배달부	203

[목 차]

벌 세우는 이쁜 마음 ········· 206

아이구 형님, 팔자대로여유 ········· 208

얼릉 흥(興)해라, '흥' ········· 211

남들 눈엔 불효, 엄니 눈에 효부 ········· 215

우리 가족은 #즘승이다 ········· 219

바카스 병 든 꽃 ········· 223

왜 웃니…. 그냥이요 ········· 227

딸 아이 드레스값 ········· 231

엄마밖에 안 보여 ········· 235

엄마, 그냥 해주고 싶었어 ········· 239

글을 맺으며 ········· 244

편집자 주 ········· 248

럭비공 차는 이사임당

[책머리글]

두런

두런

길

구석진 방은 나의 숨터였다.

어둠컹커먼 그곳이 나를 잘 발효시켜줄 토굴이라 믿었다.

뒤늦게야 나를 부패시키는 무덤이라는 걸 알았다.

난 그 자리에 멈췄다.

그냥

서

있

었

다.

그리고 생각 했다.

목이 잘린 것은 아니니 내가 할 수 있는 일을 하자.
십 수 년의 수고를 한방에 날려버릴 수는 없었다.
십 수 년에 걸친 나의 일기장을 꺼내 들었다.
화기를 토해내는 배설통에서 마치 진주를 찾으려 애쓰는 것 같아서 여러 번 덮었다.
그렇게 생각하니 지금까지 살아낸 나의 삶이 함부로 구겨져서 방구석으로 밀려나는 것 같았다. 다시 나는 일기장을 펼쳤다.
못난이 진주여도 좋다.
한 톨 한 톨 꿰어서 목걸이를 만들리라 생각했다,
내가 관객이 되고 독자가 되어서 나의 일기를 찬찬히 읽어 내려갔다.
글 속에 나는 가을 겨울을 모르는 하충*夏蟲여름벌레마냥 교실 문을 벗어나면 향방을 몰라 주춤거렸다.

분명 나의 기국*그릇이 적음은 확실하다.
그렇지만 그 좁은 공간에는 감동과 감격과 뜨듯함이 가득했다.

'그래, 참 괜찮은 사람이었구나. 참 잘 살았구나. 좋은 엄마구나.'

괜찮은 아내였고 며느리였고 훌륭한 훈장 선생이었다.
지금도 딸아이가 아이를 낳아서 그 손주를 나 같은 선생님한테 맡긴다면…, 한 글자도 배우지 않더라도 나는 덩실덩실 좋아서 보낼 것이다.
겸손이라고는 어디 밥 말아 먹고 찾아보기 힘든 나.
그렇지만 담백하다.

남편과 나는 자라온 환경이나 성격이 극과 극이다.
똑같은 상황을 맞닥뜨렸을 때에 우리 부부의 반응은 판이하게 다르다.
예를 들면 꼬리를 잘렸다고 하자
우리 남편 버럭님*남편의 애칭은 누구 탓인가? 책임 추궁을 먼저 한다.
난 잘린 꼬리가 봉합이 가능한지, 불가하면—어떻게 하면 통증을 최소화하고 손실을 줄일 것인가를 모색한다.
상황이 바뀌지 않는다면 생각을 바꿔야 산다.
이 책 안에는 버럭님과 소소한 다툼과 화해. 그리고 싸움에 관한 기술을 책 갈피갈피에 알락달락 단풍처럼 낑궈놨다.
한 이파리씩 꺼내보는 재미가 쏠쏠하다.

어떤 이는 이걸 책이라고 썼나? 하는 이도 있겠지만
내 얘기가 곧 네 얘기일 것이다.
글을 쓰고 나니 정리가 된다.

"콩나물" 같은 나를 "콩 나무"로 키워준
나의 남편 버럭님과
내 삶을 반짝이게 해준
우리의 딸, 아들에게 남깁니다.

이 책을 받아들고 펼쳤을 때 씨실 날실에 스민 엄마의 냄새를 만날 것이다.
한장 한장 넘기며 우리의 시간을 여행하자.

가끔씩 남들은 어떻게 사나? 다른 이의 살아가는 모습이 궁금할 때가 있다.
조금 가차이 오세요. 얘기 해 줄게요.

열호당에서
남전 이종분

매화

梅花

풍설잦은 차운
골짜기에 봄은 오는가
매화 네가 아니핀들
춘절이 오지않으랴마는
온갓 잡꽃에 앞서
차게 피는 네 뜻을
내가 부러하노라

담현 유정연/서예 묵화/2021년

매(梅) 어린시절 이야기

나의 어린 시절은 '우래기, 우래기' 하시던 아버지에 대한 추억과 오빠만 챙기는 엄마에 대한 원망이 티격태격하며 때론 웃음과 그리움으로 그려진다. 늘 위로가 되었던 아버지의 말, "이 때를 즐겨라!"

# 오래 된 미래

우리 오얄무니(외할머니)
내가 예비고사 끝나고 찾아갔다. 반가이 맞아
동태찌개 화로에 뎁혀서 밥차려 주시고 엄마 안부 묻고
이런저런 얘기가 오갔다.
그러더니 할머니가 사과(沙果)를 가만가만 깎으시며 흘끔흘
끔 곁눈질로 내를 훔쳐보신다.
그리고는
조심스레 내게

"근데 누구유~?"

헉

우리 오알무니

칼 들고 계셨다.

잠이 뭉텅 뽑혔다

내 남편의 탈모처럼.

** 할머니와의 오래전 사건이

우리 미래의 모습일 수도 있는

그래서《오래된 미래》라는 제목을 달았어요.

> ※덤 사과(沙果)
>
> 沙–물이 적은 사막–모래사
> (砂–돌이 부서져 작아지니 모래사
> 열매과果–나무에 열매가 달린 모양이라고 해서 사과는 沙(砂)果라고 씁니다.
> –모래땅에서도 자라는 과일이라구요.

우리
엄마는
새엄마

그날도
엄마랑 오빠만 안방에서 후지카 곤로에다 삼양라면을 끓여 먹고 있었다.
5째 언니랑 나는
마루 끄트머리에 앉아서
칠기 반다지 위에 50개나 들어있는 라면 박스만 바라보고 냄새만 맡으며
거시기 못 달고 나온 설움이 한바가지 고였다

쳐다보는 우리의 시선이 불편한지 저리로 가라고 엄마는 손

사례를 쳤다.

오빠만 먹이는 게 아니고 엄마도 꼭 함께 먹었다.

얼마 지나자 엄마가 알루미늄 쟁반에 냄비를 내놓으며 설거지 하라고 언니를 불렀다.

순간 언니가 내 손을 확 낚아챘다.
난 용수철처럼 "통" 튀어서
집 뒤 뒷동산으로 단숨에 뛰어 올라갔다.
그리곤 깔깔 마주보고 웃었다.
그래
엄만 아들만 좋아해라
우리 여섯 명 딸들은 아부지만 좋아할란다.

저그저그
산모퉁이 동네 초입에 시선을 꽂아놓고
언니랑 나는 뭔 얘긴지 오래도록 시시덕거리며 수다를 떨었다.

드디어 우리의 천군만마이신 아부지가 하얀 두루마기에 밤

색 중절모를 쓰시고 산모퉁이를 돌아오시는 게 너풀너풀 보인다.

우린 약속이나 한 듯이 총알처럼 퉁겨져 달리기 시작했다.
비탈길을 내려와
큰사랑 마당을 지나 개여울 건너 느티나무 아래로 난 붕어논틀을 굽이굽이 달려가니 언니가 나보다 먼저 아부지 품에 와락 안겨 버렸다.
난 퉁퉁거리며 삐졌다.

아부지가 등을 들이대서야
넙쭉 업혀서 입이 벙긋벙긋, 코꾸녕 발름발름, 두 손 들어 덩실덩실 춤추니
아부진 "아가 떨어질라." 하시면서 허리를 말처럼 휘었다.

골목길 들어서자
언니가 업어달랜다.
내가 "안 내린다." 고 하니 아부진 우리 둘을 한꺼번에 업으셨다.

동네 아줌니가 보시곤

"느이 집은 아부지가 엄마여

엄마가 왜 엄만지 아니?

업어 길러서 엄마여, 그런데 느이집은 항상 아부지가 업고 다니니까

아부지가 엄마지." 한다.

"아저씬 무겁지도 않으세요?"

라고 물으니

아부지가

"우리 공주님은 새털같이 가벼워서 느이는(네 명) 업을 수 있다오." 하신다.

아줌닌 부러운 듯 쳐다봤다.

집이 가까워오자

그제야 잠에서 깬 듯 아까 라면 생각이 떠올랐고

우린 엄마를 아부지한테 일렀다.

우리 엄마는 새엄마냐고 우리가 물었다.

아부지가

대답은 않고 빙긋이 웃으시며

"아가 두 밤 자고 아부지랑

장에 가자

가서 짜장면 먹자."

야호~♡

만세

우라부지 최고~

두 밤 자고 언니랑 나는 안성 장에 갔다.

그날 먹은

짜장면은 엄마의 미운털을 다 덮고도 남았다.

우아~

이런 행복이 세상에 있는 줄도 몰랐다.

그 후로 아부진 우리를 가끔

장날에 시장을 데리고 가셨다.

안성 우시장에 소머리 국밥

울면 왕겨 속에 미깡(밀감)

이름도 까먹은 과자 빵 등을 사주셨다

그 후론 엄마가 오빠랑 라면을 먹거나 말거나 심통나지 않았다.

아부지가 내 꺼니까.

세상에 절대불변의 내편이 있으면 넉넉하다.

그러면서도 난 자기애가 강한
내 엄마를 많이 닮았다.
거울을 보면 엄마가 거기 있다.

 톱

달린

궁댕이

전화벨이 울린다.
내 고향
안성 땅 소로리에
선희다.

몇 년 만에 통화해도 어제처럼 친근하다.
말끝에

"얘 우리 둘이서 그때 맨 날 치약 짜서 너 한번 나 한번 번갈아 가면서 핥아 먹었던 기억나니?"

그 때는 유치원도 학원도 과외도 없었다.
맨날 노는 것이 일이었다.

난 월요일 아침이면 가방이 없어진다.
토요날 학교에서 오다가 선희랑 놀고 가방은 그 집
마당에 내비두고 우리 집에 온 거였다.

그람 우리
엄마가 "이누무 지지배 너 핵교 댕기지마
학생이 책가방을 잃어버린 건 즌쟁나간 군인이 총 잃어버린
거랑 똑같응겨 너 핵교 댕기지마."

"싫어
난 군대 안가
핵교 갈껴―"

"????"

그럴 때 선희

느그 엄니가 내 가방 들고 오시면서
"미영이 너 가방도 없이 핵교가냐?"하시며 오신다.

난 잽싸게 가방을 채서 달려간다.
시간표 안싸도 된다.
전과목 다 가지고 다녔다.
선머스마처럼 옷도 찢어지고, 터지고, 신발 뚫어오고, 태워먹고, 얼음 방죽에 빠져오니까
우리 엄마

"저누무 지지배는 궁댕이에 톱이 달렸나
바지마다 죄다 찢어온다이."

성화를 하니
그럴 때마다
우라부지 하시는 말씀이

"임자 야단치지 말우~
건강하니까 찢어먹지

아픈 애는 옷도 못찢우~

내가 낼 모래 안성장날 우래기 꼬까옷 사오리다."

건강하니까 옷도 찢어오는 거라는 우라부지가 하신

이 말이 내가 엄마로 살아오면서

큰 길잡이가 된다.

부모시절을 누려라.

- 그때 놀던 놀이들

사방치기

자치기

통구먹지 —땅따먹기

구슬치기

깡통차기

좆박기(말타기)

얼음땡

똥장군 놀이

오징어가샹

을락딱딱 을락딱딱 순이 아부지 담배 꽁초에 불이 붙어서

을락딱딱 을락딱딱

> ※ 덤 齒이치
>
> 止그칠지+从 모일총+从 따를종+凵입벌릴감으로 구성 되어있다.
> 파자해서 풀어보면 이빨齒은 잇몸에 박혀서 정지되어止있고
> 凵이것은 이빨들을 담고있는 턱을 그린것이고
> 从 모일총+从 따를종
> – 이것은 윗이빨과 아랫이빨이 가지런히 모여있는 모양이다.
> 해서
> 齒이치라는 글자는 상형문자이고 부수도
> 齒 전체가 부수다.
>
> 齒이치는 해년年으로 쓰이기도 한다.
> 즉 나이를 뜻하기도 한다.

고모가 깨까시 빨아서 줄게

막내 고모가 딸·사위·아들·며느리 8명을 데리고
우리 펜션으로 구부정구부정 오셨다.
달려가 덥썩 끌어안으니 아부지가 울컥 보고 싶다.
눈물이 푹푹 나서 그냥 울었다.
우리 고모도 그냥 우신다.
우리 아부지 형제 중 이제 한 분 남았다.
우리 고모 목소리에도 착하고 순~함이 술술~넘어온다.

여고 시절 고모 집에 잠깐 살았다.
매일 밤 11시에 들어오는 내게 고모는 화로에

청국장 뎁히고 주발 밥 식지 말라고 뚜껑 덮어서 요대기에 묻어놨다가 주셨다.
지금도 생각난다.
"미영아,
너는 왜 월경 빤쓰를 안 내놓니?"
"괜찮어."
"벗어놔."
"노냥 공부허기 심들 텐데
노다지 책만 디다보고 있으니 월매나 디냐.
고모가 깨까시 빨어서 줄테니 벗어놔라." 하시고는 그날은
내 스타킹을 어찌나 깨까시 빨았는지 다음날 스타킹마다 줄줄이 올이 나가고 구멍도 났다.
깨까시 빠시느라 콘크리트 바닥에
벅벅 문질러 빠셨댄다.
힝~
우
리
고
모

우
리
고
모
……

> ※덤 고모는 한자로 쓰겠는데 이모는?
>
> 다를 이에 어미 모? 異母?
> 땡—틀렸습니다.

이모는 "이모이姨" 라는 글자가 있어요.

이모이는 계집녀女에 오랑캐 이夷를 더한 글자입니다.

여자 오랑캐라는 뜻이지요.

그래서 옛 어른들은 친정식구를 멀리하라고 했나 봅니다.

오랑캐 이夷는 큰 활 들고 다닌다고 해서 큰대大에 활궁弓을 합한 글자입니다.

중국에서 볼 때 우리나라는 동쪽에 위치한 큰 활을 든 오랑캐라고 불렀지요.

예나 지금이나 활명수는 대한민국입니다.

# 눈 과 혀

엄마 눈은 하얬다
나를 찔렀다.
나는 딴 곳을 봤다.
아부지 눈동자는
못봤다.

나를 보기도 전에 ^^요렇게 된다.
나는 방울이 된다.
딸랑딸랑~
네캉내캉

엄마의 혀는

─ 직선

나를 찔렀다

나는 설설舌舌기었다

우라부지 혀는

~ 곡선

나를 친친 감았다

나는 혀짧은 소릴냈다.

(아부디는

내가 그러케도 이뻤쪄?

나두 아부디 됴아)

나는 그때 알아버렸다

곡선만이 사람을 품을 수 있다는 것을

舌혀설=干+口로 혀는 입에 방패이니 그 역할이 중하다.

먹지 말아야 할 음식과

내보내지 말아야 할 말을 방패되어 막는 게 ─ 혀다.

# 아부지 왈,
'이 때를
누려라'

나의 유년은 놀유遊자의 유년遊年이었다.
철철마다 산으로 들로 쏘다녀서 옷은 틑어지고
운동화는 뚫어지고 월요일만 되면 책가방은
어디 있는 지 몰랐다.
엄마는 눈을 하얗게 뜨고 나를 쏘아보며
"이누무 지지배 핵교 가지마." 소리치는 날이 잦았다.
그럴 때마다 우리 아부지는 "임자~ 우래기 야단치지 말우~.
옛날에 어떤 사람이 중신애비가 색시감 둘을 소개를 했대요.
아침나절에 그 중 한 처자가 바느질하는 모습을 문구녕을 뚫
고보니 쓴 물건을 찾고 또 찾고 정신도 없고 주변이 옷감과

실바늘로 너저분 하더래요. 그래서 살림 잘 못하겠다 싶어서 오후에 또 다른 색시감을 보러갔대요. 그런데 얌전하기가 그림처럼 조용하고 가만가만 손놀림이 여간 야물은게 아니더래요.

그래서 중신애비한테 나중에 본 처자가 좋다고 다리를 놓아 달라고 했지.

그랬더니 그 중신애비가 그 처자는 좀 흠이 있다고 했지만 걱정 마시게 내가 보고서 고른 것이니 원망 않으리다."하고는 혼인날을 잡고, 혼인하는 날 말을 타고 색시집 초래청에 당도하고 보니 신부가 '앉은뱅이' 더래요.

그러니 임자. 우래기가 건강해서 옷도 찢어오고 양말도 태워오고 그러는 거니까, 야단치지 말우~ 낼 모레 안성 장날 내가 우래기 옷도 사고 운동화도 사 오리다.

아부지는 '이때를 누려라' 고 하셨다.

50년이 지난 옛날 얘기지만 아부지가 여러 번 엄마한테 하셨던 얘기라 또렷이 기억한다.

내가 그렇게 길러졌듯이 나 또한 두 아이의 부모가 되어서 우리 애들을 그렇게 대했다.

한 예로 우리 아이 둘 모두 어려서부터 우리 부부에게 성적표를 안 가져왔다. 물론 우리도 강하게 요구하지 않았다. 왜냐면 성적표를 자랑할 형편이 안 되니 못 내놓은 것이다. (지들 형편을 좀 봐줬어야 했는데ㅋ)
우리도 애들한테 공부를 치열하게 돕지 않았으니 알곡 내놓으라, 채근할 수는 없는 일이었다.

※덤 하품흠 —欠

이 글자는 하품할 때 숨이 빠져나오는 모양을 글자화 했다. 그래서 이 글자가 붙는 글자는 호흡과 관계가 있다.
예를 든다면 노래가歌 속일기欺등이 있고 주로 글자 오른편에 붙는다.
그리고 하자라는 뜻으로 쓰여서 이 사과는 태풍에 떨어져서 조금 欠흠이 있다. 라고 쓰인다.

 나의 울음이

　　　소리를

　　　　잃었나보다

- 울 어빠 ① -

오빠(오빠)가

지게를 지고 꼴 베러 가며

심심한지

날더러 함께 가잔다.

싫다니까 나를 지게에 지고 간댄다.

나는 얼릉 오빠 지게에 업혀서 쇳밭산으로 갔다.

꼴을 베던 오빠가 갑자기 원두막에 붙은 땡피 벌집을 작대기

로 쑤시며

꼬꼬댁꼬꼬 꼬꼬댁 꼬꼬

소릴 내며 땅바닥에 종이처럼 납짝 붙었다.

벌이 에에엥~~ 하늘을 가득 덮듯이 내게 달려들었고

나는 벌집이 되었다.

난 방방 뜨며 울고불고 난리를 치고 한참을 지난 후에 내 옷을 후러덩 벗겨 털어 입히며 엄마한테 일르면 죽을 줄 알라고 으름짱을 놓는다.

어빠는 나를 장독대로 데려가 씻누런 된장을 퍼 바르면서 못생긴게 더 못 생겨졌다고 낄낄거리고

나는 "아야아야~" 징징거리니

엄마가 소릴 듣고 나와 보시고는

웃음 먼저 터뜨리고 어빠한테는

눈만 하얗게 흘기고는 횡 나가신다.

정말로 나는 다리 밑에서 주워온 게 맞는가 보다.

그날 밤.

나는 아부지가 오기 전에 일찍 건넌방으로 들어가, 이불을 두 집어 쓰고 숨죽여 안으로 안으로 울음을 삼키며 울었다.

아마도 그때부터 나의 울음이 소리를 잃었나보다.

벌침 맞아 그런가?

내 몸은 달다.

그래서 우리 버럭님*(남편애칭) 당뇨다.

> **※덤** 벌봉蜂
>
> 곤충을 뜻하는 벌레훼虫 + 음을 뜻하는 끌봉夆
>
> 봉夆시리즈
> 奉끌봉・蜂벌봉・峰산봉우리봉・逢만날봉・蓬쑥봉

 눈깔

빠지면

워쩔려구

-울 어빠 ②-

어빠가 새 꼬말(새총)을 만들었다

Y자로 된 나무를 잘라다 깎고 다듬고 노랑색 기저귀 고무줄 양쪽에 묶고는

가운데는 가죽을 네모나게 매달아서 거기에 잔돌맹이를 넣고,

한쪽 눈을 질끈 감고 한 팔은 앞으로 뻗고, 또 한 팔은 뒤로 한껏 당겨서 숨죽이고

하늘 땅 우주 모두 멈춘 찰나에 참새 한 마리만 지나가다 땅에 내리 꽂힌다.

꼴깍 숨이 넘어간다.

"어빠어빠, 나도 해 보게. 나도 해 보게."

도대체 허락 않더니 어빠 눈이 반짝 웃음이 스친다.

"아가 욜루 와 봐."

나는 함박웃음을 활짝지으며

우럽빠 최고~~

하고는 쪼르르 달려가니

연습을 시켜준다고

내 조고만 양손을 어빠가 꼬옥 감싸 쥐고는 내 양팔을 찢을 듯이 앞뒤로 벌렸다.

"우아~"

난 만세를 부르는 것 같았다.

3.1 운동 만세가 이런 기분이었을까?

순간 우럽빠가 몸을 획 꺾듯이 비트는 순간 난 벼락을 맞았다.

방향을 반대로 해서 내 얼굴을 겨냥해서 쏜 것이다.

Duhvfdr5yㅇ폰ㅅgdsryㅇㅅㄴ ㄱㅅ8855ㅈㄱㅅ

난 때굴때굴 구르며 수십 개의 사발 깨지는 소릴 냈고 얼굴에는 지렁이가 몇마리 엉겨서 기어가고 있었다.

회충같다.

뒤늦게 나타난 엄마는

"또 맹추 똥땡이 같은 년, 대가리는 이고만 댕기냐." 며

시간 지나문 낫는다고 하고는

어빠한테는

"눙깔 빠지문 워쩔라구 그랬냐?"

그렇게만 하고는 부엌으로 들어가 버렸다.

난 그날도 건너방으로 가서 이불 두집어 쓰고 눈이 들러붙도록 울었다.

다리 밑에서 주워 온 게 찐짜로 맞구나.

아가, 도나스 만들어주까?

-울 어빠 ③-

어느 날

어빠 방엘 들어갔더니

어빠가 한 팔로는 머리를 괴고

한팔 손가락엔 담배를 끼고 멋있게 아부지 몰래 담배를 핀다.

그런데 이건 그냥 담배가 아니었다.

예술이다

내 앞에서

"아가 도나스 만들어주까?"

응

우아~우아~

나는 환호성치면 비눗방울 잡으러 뛰댕기듯 아빠가 담배 연기로 맹글어대는 담배 도나스를 흩트리며 행복에 훨훨 이마가 하늘에 닿았다.

아빠가 입을

"오~"하고 볼을 톡톡 치면

하얀 누깔 사탕이 나오고

혀를 쏘오옥 내밀면 구멍 뚫린

도나스가 나왔다

"아빠 나도 해보께 나도 해보께"

우럽빠 또 장난기 발동

"아가 욜루와 봐

쪼오오오옥~~더더더

꿀떡꿀떡 생켜생켜."

"꿀꺼덕."

……

우웩—

콜 록콜로그

웨그우웩----웩 웩

따따따따따

앉아서 더더더하던

우럽빠

머리통에다

쏟고 쏟고 다

토해버렸다

우하하하하

아부지 몰래핀 담배라

어빠랑 나만의 비밀

쳇증이 다 내려갔다.

※덤 금연(禁煙)

금할금禁
- 숲(林) 속에 신당(示-귀신의미)차린 곳에는 출입을 금한다

연기연煙은
- 불火+덮을아西+흙토土로 불이 나서 흙으로 덮으니 연기가 난다.

 싸움은

네 자신하고만

해라

- 소리 없는 아부지의 버럭 -

얼굴 하얀 엄마는 늘 누워계셨고

예방 접종에서부터

학교 입학, 소풍, 운동회, 졸업에 이르기까지 모두 아부지 몫이었다.

머리를 물 발라 빗겨서 소뿔처럼 쫑매주시고는 등어리를 들이대서는 노다지 업고 다니셨다.

그러던 어느 겨울날

전날 화롯가에서 옛날 얘기 두런두런하시고

딸들 만세 부르게 해서 홀랑홀랑 옷 벗겨서 스멀스멀 이 잡아

주시던 아부지가 소리없는 버럭을 하셨다.

얘기인 즉슨

오빠 친구들이 모여서 장기를 두더니
우러빠가 나오더니 납땜할 때 쓰는 작은 도끼를 들고 들어가서 우러빠를 놀리던 흐구오빠 대구빡을 내리쳐서 대구빡이 터졌다.
급하게 도라꾸 타고 응급실로 갔고 꿰매고 수습이 되는가 싶었는데
아부지가 사랑방에 들어가셔서 안에서 문을 걸어 잠그시고 곡기를 끊으셨다.
엄마가 애원해도 소용없고
아부지 기쁨조 내가 문고리 잡고 울어도 방 안에선 어떤 소리도 나지 않았고 그 추운 겨울
우리 오빠의 석고대죄도 아부지 마음에 닿지 못했다.

어찌된 건지 모르나
대구빡 터진 흐구오빠와 그 아부지가 와서 되려 자기 아들이

먼저 자꾸 깐조거린 거라고, 얼마 안 다쳤다고 문 좀 여시라고 사정해서 아부지 방문이 3일 만에 열렸다.

아부지가 말했다.

"큰소리 한 번도 안 내고 너를 길렀는데
도끼를 휘두르다니
자신을 이기지 못하면 도끼 열 개로도 남을 이기지 못한다.
싸움은 네 자신하고만 해라."

아들만 이뻐하는 엄마의 뒷손이, 분명 적지 않은 돈이 흐구 오빠네로 건네졌다고 했다.
스토리를 쓰며 곡기 끊고 언방에 앉아 면벽한 내 아부지가 생각나서 잠시 왈칵 솟는 울음을 게워내어 디다보았다.

※ 덤

斤도끼근—도끼모양
爭다툴쟁—爪손톱조+尹채찍윤은 다툴쟁爭
손톱으로 할퀴고 채찍으로 때리고 다툼

# 어머니
의
눈물

아주 오래된 얘기다.

추석에 시댁엘 갔는데 어머님이

느그들 가져갈 고추를 따오라셨다.

네~ 하고는 밭으로 가서

한 바가지 따왔다.

우리 엄니 그걸 보시고는

"에게게~

겨우 고걸 따왔니?"

"어머니가 힘들게 지은 농사를 많이 따가는 게 죄송하기도

하고 이만큼이면 돼요."

"이제 빨간 고추 다 땄으니 고춧대 뽑아 버릴 거여."

하시더니 가셔서 한 다라이 고봉으로 따서 낑낑 이고 나타나

셨다.

여기저기 모기를 뜯기셔서 얼굴이 얼룩덜룩하시고 따가우니 긁적긁적 긁으신다.

그런 엄니를 보고는 우리 버럭님

"엄마 이걸 다 가져다가 뭘하게 이렇게 많이 따오셨어요?"

"옆집두 주구,

뒷집두 주구

노나먹으면 되지." 하시니까

우리버럭님 말로 말뚝 박는다

"엄마

우리 그거 안 가져가요

여기저기 노나주기도 힘들고

그 사람들이 고추가 필요한지 아닌지도 모르고 안 가져갈래요."

……

그

러

자

우리 엄니 우신다

"어메가 농사를 왜 짓는다냐!"

내 혼자 먹을라면 꼬추낭구 시개만 심궈도 먹구두 남어.
봄내 여름 내내 날이 뜨거워두 느그들 줄 생각에 춤추면서 밭에 댕겼는데, 이렇게 맴이 새끼들한테 쏟아지는 거를 워쩌라고 막는대냐? 하시고는 질금질금 목이 메어 말을 못 이으신다.
"아이구나~ 어무니
애비가 어무니 힘드신 게 싫어서 말을 저리 뽀다구 음씨 해서 그러지 제가 이삼일만 엄니한테 전화만 안해도 뭐라고 해요.
말 뽐새가 투박해서 그래요."

아이좋아라~
우리 엄니 덕에 고추 부자가 됐네요.
이런 거 노나주면 엄청 좋아해요.
……
고추 한다라이 뿐이겠는가.
고추, 고구마, 끝물 오이, 고구마 순, 호박, 호박잎 하다못해 내가 맛나게 먹는다고 머위, 장아찌, 게장 등등

한차 가득 실어 주시고도 더 줄게 없나 두리번거리신다.
피난민 이삿짐처럼 한가득 실어놓고서는 우리엄니 얼굴이
초가지붕 우에 달빛 받은 박꽃처럼 화안하다.
행복해 보인다.
한껏 챙기시며 춤추셨을 우리 엄니 마음.
소풍날짜 받아놓은 아해처럼 부푼 마음을
아들이 '우리 그거 안 가져가겠다.' 는 말에
엄니 마음 풍선이 터진 것이다.
……

내 아부지 떠나던 날

서걱서걱 마른 눈물이 난다

울어도 울어도 시원히 눈물이 안 난다

내 몸뚱이는 슥 달 열흘 말러 비틀어진 걸렌가부다.

눈
물
아
쏟
아
져
라

……
제
발

나의 가슴은
늘
아부지의 등어리와 포개져 있었다.

내 아비 죽던 날

품 팔러 갔던
동네 아즈매들
품 무이고 울며불며
달음질쳐 왔어도

여전히 태양은 높이 떠서 눈 부셨고
바람 끝은 보드라웠다.
학교에서
얼결에 집으로 불려온 나더러

문 앞에서 부터
아이고 아이고~
곡哭을 하라는데
내 눈에선 눈물 한 톨 나지 않았다.

지푸라기를 엮어서 내 작은 머리통에 죄인표시로 씌운 걸 나는 공주 왕관인양 쓰고, 급히 누런 광목천으로 깁은 치마저고리는 땅에 질질 끌리고
치마에 두른 띠는
이제 막 생길락 말락하는 젖몽오리에 걸려 아프기만하고
아침저녁으로 지청에 올리는 상식 때 마다 곡소리를 내며
아들 하나 딸 여섯이 울어대는 통곡 속에서 난 가만~이 엎드려서 눈을 가리고 가끔씩 언제 끝나나 우는 언니들을 몰래 훔쳐보았다.

나는 그때 알았다
내가 슥 달 열흘 빨지 않은 말라비틀어진 걸레같다는 사실을
펑펑 눈물이라도 쏟으면 시원할 텐데
내 가슴은 말라 타들어가 사막이 되고 모래가 굳어 사암이

되니

안으로 안고만 살았다.

……

그러다가 버럭님 만나 혼인하니

아부지가 주신

내 전용 고유명사 '우래기 우래기'가 다시 불리기 시작했다.

보들보들 말랑말랑 내 가슴은 오아시스를 만난 듯 기름진 옥토가 되어 순한 여인으로 살게 되더라.

〈아버지 살아계실 때 모습〉

난
蘭
―

난향천리
(난의 향기는
천리를 간다)

담헌 유정연/서예 묵화/2023년

란(蘭) 서당 풍경

나의 공식적인 명함은 훈장 선생님이다
친구들은 더러 이사임당이라 한다
내 추억의 그늘엔 늘 서당풍경이 있다

난
엄마이고
사람이다

아이가 잔다

초등 2학년.

두고 밥벌이 나가는 엄마 맘이 짠~하여 돌아보며 무겁다

점심에 보내온

반찬 없는 저 빈 밥상이

너무 고맙다는 게 더욱 마음을 애잖케한다.

방학하고 아침에 몇 명을 태우고

서당에 와서 공부 중에 한 녀석이 한숨처럼 툭 던진

"배고프다."

아침도 못 먹었다는 그 말이 내 가슴에 얹힌다.
내가 "쌀은 있는데 김사다가 밥 해줄까?"
"네—네네네네." 동시에 우렁차다
"알았으니 열심히 공부하고 따신 밥 먹자."
그렇게 시작된 훈장님 밥짓기는
2월 말까지 계속되었다.

그 날 그 날 막 지은 따끈한 밥이 있을 뿐인데 고추장에도 비벼먹고
김치, 멸치, 김계란말이, 김자반
반찬이 두 세개 때론 한 두개여도 두 사발 먹는 날이 많다.
다른 선생님과도
시간표가 안 맞아서 혼자 먹기 곤란했는데, 내겐 함께 밥 먹을 사람이 있어서 좋은데 정말 너무 좋은데 되려 눈물나게 고맙다고 한다.

어긋난 생각이 은혜라는 과한 이름으로 돌아왔다.

민망하지만 엄마와 내 마음엔 아이를 중심에 둔 건 같다.

난 훈장 이전에
엄마고 사람이다.

이쁜 엄마들

서당에 학부모들 연령대가
30대 중후반이다.
그러다보니 가끔 속상한 일이 생기면 서당으로 올라와 풀어놓는다.
세상을 조금 더 살아온 내게 토해내고 조금이라도 가벼워져서 조금 느슨해진 마음으로 돌아가기도 한다.
특히 명절 전후에 더욱 그러하다.
한 엄마가 이야기하기를 추석에 시댁 아파트 마당에 도착하여 주차하는 순간 가슴이 덜컥 내려앉더래요.
마침 "띠링"하고 훈장님의 스토리 알림소리가 울리더래요,

그 스토리를 읽고는 올 명절은 수월했다네요.

맞아요.
형님이 항상 늦게 온다고 나만 몇 채반이나 전을 부친다고 속을 부글부글 끓이지 마요.

그 부치는 전 (煎—동태전 버섯전……)을
뒤집으며
내 앞길에 수북이 쌓이는 전(錢—돈전·쩐)
을 세고 있는 거라고 생각하세요.
시댁 식구들한테 부당한 대우를 받을 때 남편한테 이르지 마세요.
남편도 중간에 환장 할 일이예요.
정 화가 날 때 저는 공격적 언어를 피해 속상했다고 말투를 바꿔요.
이 때 남편들은 그랬구나, 당신 많이 힘들었구나, 하고
이리 와봐, 손을 주물러 주든지 발이든 어깨든 주물러주세요.
한결 가벼워져요.
함께 사는 며느리들도 있잖아요.

손가락으로 사탕 만지면 드럽잖아요

어느 날

통통~한 녀석이 서당에 들어왔다.

생김새가 엄마 아빠 어렸을 적에 쯤에 나올 법한 모습이다.

하는 짓도 투박하고 아주 구엽다.

어느 날 서당에 어떤 형아가 누깔사탕 하나를 주었다.

그 한 톨을 입에 넣고는 너무 흡족하여 납작한 코에 콧구멍을 발롬거리며

사탕 녹는 것도 아까워 세(혀)도 못 돌리고 있다.

오~ 하더니 누깔사탕이 "톡" 떨어져 땅바닥에 뒹군다.

사탕을 내려다보는 그 작은 눈엔 아까워하는 마음이 그렁그렁 달려있다.

승현아 주워서 수돗물에 닦아 괜찮아

그러자 얼굴이 화안해지며 작은 눈이 반짝 빛났다.

성생님 수돗물은 안돼요. 정수기 물로 할래요.

하고는 사탕을 주어서 컵에 넣고 물을 넣고 컵을 빙빙 돌리더니

컵에 물을 후루룸 마셔서 사탕을 입에 채어 문다.

얼굴 가득 행복하여 또 입이 벙긋벙긋 납작한 코꾸농 발름거린다.

우린 어이없어서 으잉? 하는데

녀석 하는 말

"손가락으로 사탕 만지면 드럽잖아요."

"그랬구나,

 우리 승현이 천재."

"네."

길을 터 줘라

서당에서
자리 실랑이가 벌어졌다.
먼저 온 아이가 책상 위에 가방을 놓고 자리를 비운 사이, 힘세고 다닌 지 오래 된 상건이가 그 자리에 앉아버리면서 문제 발생.
상건인 앉아있고 성준이는 서서 자리 비키라고 기 싸움이 벌어졌다.

…… (가만히 있다가 내가 말했다.)

"오늘 공부 시간에 들려 줄 얘기는 아주 너그러운 남자 이야기를 할 건데 배우고도 실천 못하는 이도 있지만, 안 배우고도 알아서 실천하는 사람도 있단다." 했더니 그래도 꼼짝 않는다.

그래서 좀 더 센 상건이를 향해 부드러운 눈길을 보내며 가만 미소지었다.

상건이가

마주친 눈을 내리깔더니 일어나며

"제가 양보할게요." 한다.

내가 기뻐서 양보하고 나오는 상건이를

덥석 가슴에 품어 안고는

"역시 상건이 최고다.

난 네가 양보할 거란 걸 벌써부터 알고 있었어.

역시 제자는 다르구나." 라고 했더니

상건이 얼굴이 더욱더 순한 기운이 흐른다.

그랬다.

우왕좌왕 할 때나

팽팽이 맞설 때도

어른이 선한 길을 터서 부드럽게 유도하고

아이가 물꼬를 선한 방향으로 틀어 오면

기뻐하며 인정하고 박수쳐주어서 아이로 하여금 더욱 좋게 자라도록 우리가 도우자.

어른이

엄마가

선생님이

아이 하나를 키우기 위해선 온 동네가 필요하다.

교육의 목표는 머리에 담는 지식에 멎지 않고 행동으로 이어지는 변화에 있다.

〈열호당 서당에서〉

방구 쟁이 훈장님

서당에서 1학년 아이가 교실 문을 열고는
"똥 누고 똥꼬를 잘 못 닦아서 묻었어요."
"얼레리—꼴레리
교실 안 아이들이 동시에
똥쌌대--" 한다.
너희들 소문만 내봐라
혼내줄테다.

키친 타올 따끈한 물로 꼭 짜고 옆 교실로 데려가서 뒷처리를
해주니

"많이 묻었어요?"

"아니 하나도 안 묻었어. 물 묻은거야."

거짓말을 하고는 교실로 함께 갔더니

욘석들이 또

"에— 쟤 똥쌌대." 하길래

"아니야 똥이 아니고 변기 물이 묻었던 거야."

훈장님 똥 싼 얘기 해줄게

우아~ 네~네네네~

"훈장님이 어느 날 엄청 배가 빵빵하고 뱃속에서 천둥소리 개구리소리 막 나는거야. 그래서 휴지 들고 막 달려갔다. 얼릉 똥싸려고…."

"끙" 했더니

네 그래서요?

응 "끙" 했더니

네 그랬더니

어떻게 됐는데요?

1학년 녀석 다섯이

내 다음 말을 궁금해서 애가 탄다.

……

 뿌바바바바아앙~

방구만 한~자박지 쌌어

하하하

호호호

깨르륵 깔깔

………

그래서요?

그래서는 무슨

훈장님이 방구쟁이 훈장님이란 얘기지

아하~그렇구나

하하 깔깔 히히히

그렇게 훈장님 방구소리가 아이 똥을 덮어버렸다.

오늘은 똥 싼 애도 없고

배운 하늘 천 따지도 하늘로 날아가고 땅으로 꺼지고

오직

방구쟁이 훈장님이 있어서 행복한 학동들의 웃음소리만

교실바닥에 떼굴떼굴 구르고 있었다.

〈열호당 서당 학동들과 함께〉

분홍색 엄마 눈

빠꼼~히 문 열고 서당에 들어서는
아이 표정이 갑자기 날 보더니 어둡다.
우리 하진이 슬프구나?
네 ~ 우리 엄마가 슬퍼서요.
엄마가 이제 곧 삼둥이 엄마가 되는데 슬퍼보여요.
잘 안 웃고 힘들대요.
그렇구나~
맞아 힘들어.
어떻게 할까?
내일 엄마 생신인데 편지 쓸라구요.

뭐라고 쓸건데?

우리 엄마 해줘서 고맙고

제가 애기도 열심히 봐 줄거라구 걱정 말라구요.

"훈장님"

"응. 왜?"

"우리 동생 여원이여,

아직 14개월 밖에 안 된 애긴데 또 동생을 낳으니 사랑 많이 받을 나이인데

새로 태어나는 믿음이한테 사랑을 다 뺏길거잖아요.

제가 더 많이 사랑 해 줄라구요."

"에효

어쩜 이리도 효녀일까

큰언니가 아니라 작은 엄마네."

....

다음날.

하진이가

"제가 엄마한테 우리 엄마 해줘서 고맙고

애기도 열심히 봐 줄거라고 엄마 많이 도와줄 거라고 편지쓰고 제 돈에서 5만원 선물로 드렸어요."

"세상에나 만상에나 감동적이다." 했더니
"그런데 엄마 눈이 분홍색으로 변했어요."
라고 하진이가 말했다.

그러더니
정말로 시간 정확히 맞춰서 공부하고 동생 데리러 어린이집
가서 여원이
데리고 집에 가고
한몫 톡톡히 한다.
대견하고 기특하고
가슴이 쎄~하니 아릿하다.
초등학교 1학년 11월에 일이다.

> ※덤 **생신生辰**
>
> 여기서 신辰은 별신이 아니고 "때신"으로 쓰인다.
> 生身이 아니고 生辰이다.

한 고개 더 오르자꾸나

아이가 서당에서
1학년 겨울방학 동안 참 열심히 공부했다.
하루에 두 번씩 오며 3시간은 족히 했다.
막판엔 쉬는 날도 맛난 거 사 먹이고 해먹이며
즐겁게 공부했다.
내준 공책을 다 써서 내게 내밀고는 검사할 동안 따끈한 방바닥에 벌러덩 누우며 큰 숨을 몰아쉬곤 했다. 벌러덩 누운 것이 결코 무례함이 아니오.
편안함이요. 자기 자리가 넉넉함을 앎이요.
쉼이다.

....

그렇게 공부하고 100문제 중 95개 정도 점수가 나왔고 실력이 넘쳤다.

시험을 보고 나와서는

"엄마 공부하면서 힘들었어."라고 했고

시험 후

2, 3일간 아이가 몸살로 앓았다.

한 달 후 합격발표에 예상외의 점수가 나왔고, 가장 쉬운 유형의 28개 문항에서 4개 맞고 24개가 오답으로 나왔다.

아빠는 버럭버럭 더 버럭해서

더해서

어문회 전화해서 따지다가 실수도 아들 책임인 걸 알았다.

꼬리내려 구제할 방법이 없느냐? 그동안 점수를 봐라.

얼마나 열심히 했는지 당신들은 안 봐서 모를거요.(당연히 모르지)

하지만 이 결과를 어쩔거나

아이가 받을 충격을 어쩔거나

여러 번 간접적으로 말해주었고

아이가 알아차리고 돌아누워 우는데

아이 등 뒤에서 엄마 가슴은 진흙덩이 내려앉듯 무너진다.

등 뒤에서 가만히 안아주며

"넌 엄마가 볼 때 1급이야.

그리고 아빠가 널 사랑하는 마음이

엄마가 너를 사랑하는 마음보다 훨씬 더 크다는 걸 알게 됐어~"

아이는 더욱 깊이 울었고

세상을 살아가면서 실패에 예방주사를 그렇게 맞고 있었다.

지금 이 글 쓰면서 내 스토리 판이 안개 가득하다.

어제 오자마자

"훈장님, 우리 아빠가 우리 엄마보다 나를 더 사랑해요." 라고 한다.

됐다. 그거면 된다.

애쓴 거 훈장님이 안다.

다가가 가슴에 품어

"훈장님도 네가 참 좋다. 자랑스러워." 하고는 아이가 좋아하는 만들어온 강정을 한 봉다리 들려줬더니 얼굴이 봄꽃처럼 활짝 핀다.

휴~ 다행이야

손 놓지말아라

훈장님이 잡은 네 손 더 꼭 잡고 한 고개 더 오르자꾸나

가자

우리 함께 또 가보자.

차라리 나를 쳐라

다섯 명 다섯 명

두 교실로 갈라놨다.

2학년들 연필 하나 서로 차지하려다 분노 폭발

성준이가 쓰려고 꺼낸 연필을 모르고 종우가 가져갔다.

성준이가 기어코 뺐었다.

종우가 성준이 손등을 연필로 찍었다.

성준이 버럭

하고 식식 숨 몰아쉰다.

더 버럭이 동물왕국 사자 —상건이가 성준이의 분노에 자신

의 모습을 봤는지
"참아~참아~♡
숨쉬고, 숨쉬고." 한다.

성준이 못 참고 책상을 건너오고, 종우 쫄아서 내 뒤로 도망쳐 구석에 서 있다.
내가 재빠르게 막아섰다.
성준이 내게 비켜달라 소리친다.
"성준아! 숨 좀 쉬자."
정 못 참겠으면 훈장님을 쳐라
성준 왈 그러고 싶을 만큼 못참겠어요.

그래?
그럼 쳐라.
나는 성준이 눈을 고요히 바라보고 있다.

어깨를 들썩들썩 식식 거리더니
포효하는 짐승 소리를 내며 주먹을 들어 허공에 내리꽂고 울

음을 터뜨리며
내게 와락 안겨 운다.
…
내가 두 팔을 들어 품고는
"잘했어, 잘 참았어. 해냈구나~♡"
했더니
에잇, 하며 품속에서 한 번 더 몸부림 치고
얼마만큼 울다가 일단 전반전이 끝나는 듯 했다.
애들을 자리에 앉히고
한순간의 분노를 참으면 백날의 근심을 막는다는 명심보감의 글과 실화를 들려주며 어린 마음들을 쓰다듬고 어루만지고 또 만졌다.

화가 나거든
아무 반응 하지말자.
분노를 터뜨리면
나의 분노가 더 큰 분노를 불러 스스로 제어하기 힘들다.
난 화가 치솟을 때
단지 숨 만 쉰다.

옆에서도

나의 숨 고르는 숨소리를 눈치채지 못한다.

조금만 가만있으면 확 일었던 흙탕물이 가라앉는다.

> ※**덤** 화가 난다. 火가 난다 - 참 쉽지용
>
> 喜怒在心하고 言出於口니
> - 화도 내기 전에, 말도 입속에 있을 때 통제가 가능하다.

책은 말 무덤

아이들이 시끌빠끌하다.

욘석들

시장판이구나.

재하는 30분 만에 끝나고 가야하는데 분주한 형들 보느라 시간을 흘린다.

내가 가만히 손을 뻗어서 아이의 손가락 한 개를 내 엄지와 인지로 꼭 쥐었다.

맥없이 딴짓하던 아이가 내 손끝을 느끼고는 바른 자세로 글씨를 쓰기 시작한다.

잠시 후 내가 "우아~♡"라고 감탄하면

더욱 바른 자세와 바른 글씨로 써내려간다.
책에만 교육이 있는 게 아니다.
책 속 바른말보다
가만히 잡아주는 손가락 한 톨.
고요히 바라봐주는 부드러운 눈길만으로도 아이는 평정을
되찾고
제자리를 찾아간다.
책에 바른말 말고
강한 어조 말고
안 먹힐 땐
방법을 달리하세요.
말하지 않아도
따듯한 손끝으로도
부드러운 눈길로도 교육은
사랑은 전해진다.

> ※ 덤
>
> 책책(冊) – 죽간을 엮어 만든 모양. 상형글자

미양가

20년이 넘도록

우리 아들, 딸이 성적표를 내놓지 않았다.

우리도 성적표 내어 놓으라 종용치 않았다.

학교 공부엔

열심히 심고 가꾸지 않았기에 알곡을 요구치 않았다.

즈그들이 성적표를 부모에게 차마 내어놓지 못하고 감춘다
는 건 그래도 양심이 있어서이다.

수우미양가

秀優美良可

秀秀—최고로 활짝 핀 꽃이다

즉 실한 열매가 달릴 것이다

우優—수秀가 되기에 충분하다는 뜻

미美—수秀를 향해 잘 자라고있다

양良—양良은 싹이 모종이 튼실하다는 뜻

그람

가可는?

넌 공부하긴 애저녁에 글렀어

집에 가(?)

…

집에 가라구용?

아싸바리바리

야호

만쉐—

느그들

욜루와 욜루와

가긴 어딜가

교실로 가.

등 뒤에서 하시는 말씀

가(可)는 ― 가능성이란다.

양도 될 수 있고

미도 될 수 있고

우도 수도 될 수 있는 가능성에 가(可)라는 글자란다.

공부 못해도 괜찮다.

남을 피해 주거나 해치는 일이 아니란다.

자랑스러운 일은 아니어도 틀린 일이 아니여.

시험 문제는 답안을 틀렸지만 네 삶이 틀린 게 아니여.

엄마가 보는 너희들에 삶은 옳고 건강한 생각으로 충만해.

엄마 봐라.

디질라게 공부해서 뭐 됐니?ㅋ

엄마가 되었다.

너희를 낳았다는 사실,

이건 기적이야.

생명은 지식으로 못 낳아

사랑만이 너희 같은 맘에 드는 자녀를 만든단다.

후담에

품 넉넉한

좋은 아빠 좋은 엄마 되거라.
너희 기르며 힘들지 않았고
달큰달큰 누렸느니라.
고맙다.

〈열호당서당 학동들〉

삼십과 오십
설은밥과 쉰밥

唯五十食者

유오십식자

-오직 쉰밥을 먹어본 자만이

眞知五十食 不如三十食

진지오십식 불여삼십식

-진실로 쉰밥이 설은 밥만 못하다는 것을 안다.

三十食無味 而乃不害物

삼십식무미 이내불해물

-설은 밥은 맛만 없을 뿐이나 이에 남을 해치지는 않는다.

五十食非特 發惡臭傷己

오십식비특 발악취상기

-쉰밥은 악취가 날뿐만 아니라 자기 몸을 상하게 하느니라.

寧爲三十食 君休五十食

영위삼십식 군휴오십식

-차라리 설은 밥이 될지언정 그대여 쉰밥은 되지 말아라.

5언 율시로 꾸며보았습니다.

평측 운자 모두 무시하고

끄적여봅니다.

# 니가 내 스승이다

우공이산(愚公移山)을 옛날얘기 들려주며 술술 풀어갔다.

저그저그 북산에 우공이라는 아흔살 늙은이가 살았대.

근데 근처에 태행산과 왕옥산이 가로막혀서 여간 불편한 게 아니야.

그래서 늙은 우공이 자손들에게 통보했어.

이 두 산을 옮겨 버릴란다.

삼태기에 흙을 담아 발해 땅에 버리자.

다음날부터 온 식구들이 흙을 퍼나르기 시작했어.

산신령이 들어보니. 즈그들 집이 사라질 위기에 처했지 뭐야.

그래서 산신령이 "영차!" 해서 산을 옮겨줬다는 얘기여~.

포기만 안하면 결국 해내게 되어있다는 뜻이지.

알겠지?

라고 하자,
"아니요!"
제가 왜 흙을 퍼 날라야돼요?
싫은데요.
전 이사갈래요
할아버지나 하고 싶으면 하실 것이지
왜 우리까지 흙 퍼 나르는 일에 평생을 쓰래요?
전 그 일에 100년씩 제 시간을 쓰고 싶지 않아요.
어이쿠
박상건
오늘은 네가 나의 스승이다.
학교에서 시험볼 땐 훈장님이 설명해준 대로 답을 달고
살면서 이같은 상황을 만나게 되거든
네 말대로 지체하지 말고 이사가렴
우아
똑똑해라.
훈장님은 학교에서 배운대~로. 의심없이 수 십 년을 안고 살았다.

상건아

참 훌륭하다.

우리는 틀에 나를

가두고 갇힌 줄도 모르고 살고 있는 건 아닌가

조금도 의심치 않으며….

〈수천번을 뒤적인 한자자전〉

국
菊

오래오래
꽃을 바라보면
꽃마음이 됩니다

담현 유정연/서예 묵화/2020년

국(菊) 내 남편 버럭

남편의 애칭은 버럭이다.
화를 잘 내냐면 그렇지도 않다.
내가 요즘 좀 아프다. 그래서 그의 버럭마저 애절하다.

뽀뽀에 목숨을 걸다

- 전편 -

서른 살에 우리 버럭님을 만나

이맘때쯤 밥 먹고 차 마시며 돌아다녔다.

동갑인 나는 해를 넘기도록 버럭님이 내 손도 잡으러 오지를 않았다.

나는 내 자신이 엉큼스러운 사람이 아니라고 생각하면서도

혹시라도 날 가까이할까 봐

버럭님을 만나러 갈 때면

손도 보들보들하게 크림을 듬뿍 발랐고,

결혼 날짜를 잡고서는 이도 두 번씩이나 닦아서 입안이 맵도

록 닦고 나가기도 했다.

그런데 우리 버럭님은 나한테

"뽀뽀해도 되냐?"구 묻는다.

난 부끄러워 싫다고 거절을 했지만

속으로 바보라고 생각했다.

더 불편해지지 않아서 다행이기도 했다.

그렇게 1년이 지나고

결혼식이 두 세 달쯤 남은 어느 날

그 날도 다른 날과 같이 밥 먹고 돌아 댕기다 우리 집까지 바래다 주는데

우리 집은 5층 아파트인데 4층에 살았다.

계단을 둘이 올라가는데 그날따라 이상하게 복도에 불이 다 꺼져있고, 층층이 소방등만 희미하게 켜있었다.

집 현관 앞에 도착 하자마자 내가 초인종을 누르려 손을 뻗자 버럭님이 갑자기 내 손목을 덥썩 잡았다.

(에효 너무 졸리고 고단해서 아무래도 야그가 길어져 한숨 자고, 마저 가야것다.)

뽀뽀에
목숨을
걸다

-후편-

"좀 더있다 들어가면 안되냐."고 했다.
난 가슴이 덜컥해서 "안돼요."라고 했더니
"그럼 들어가!"라고 하고는 자기는 복도 바닥에 쪼그리고 앉아버렸다.
난 "뭐야, 이 사람?" 속으로 짜증이 나서 4층에서 5층 사이로 올라갔다.
버럭님이 따라 올라오더니 자기는 건강한 남자고 곧 결혼식도 얼마 안남았는데 틈을 안준다면서 도덕 선생님보다 더하다, 며

4층 5층 사이 유리창에 올라갈 거라고 했다.

난 속으로

'지랄 뽕 까네, 지만 고집있냐.' 하고는 등을 돌려 벽을 보고 쳐다보지도 않았다.

얼마 후

"도와줘! 도와줘!" 다급한 목소리가 들렸다.

쳐다보니 창에 사람은 안보이고 소리만 들렸다.

창틀에 매달려 그 큰 눈을 더 크게 뜨고 겁먹은 눈을 하고는 발버둥치고 있었다.

그때 아파트 마당 건너에서 "어? 저기 왜 저래 왜 저래?" 하는 다급한 소리가 들렸고 난 순간

"이 사람을 구해야지."라는 생각보다는

사람들이 "서당 훈장 신랑감이 몽달귀신 됐대~" 이런 소문나면 어쩌지? 를 그 짧은 시간에 했다.

우리 버럭님 아파트 벽에 매달려 버둥거리며

"지금 어딜 보냐! 나를 구해야지."하면서 다급히 소릴쳤다.

그제야 팔목을 잡았는데 좀처럼 올려지지를 않는다.

어찌어찌해서 간신히 올라와서는

"들어가"라고 화를 한번 내길래 내가 무서워 스멀스멀 따라가니 버럭님 뒤돌아서 내게 오더니 내 양팔을 꼭 잡고는 "놀랬지, 놀랬지 이제 걱정 마. 나 요기 있잖어~" 하길래
순간 나는 뼈밖에 없는 단단한 주먹을 냅따 날렸다.

그러고는 뒤도 안돌아보고 골목길을 걸어가니 뒤에서 우리 버럭님 "악-" 소리를 내더니 눈팅이 밤팅이 돼서 눈물 질질 흘리며 따라온다.
새마을 금고 앞 피노키오 치킨집에서 맥주 한 컵 마시고는 우리 버럭님
"알았다고 잘 알았다고…." 하고는 택시타고 서울 자기 집으로 갔다.

일주일후
버럭님은 나를 만나러 왔다.
내가 우리 버럭님을 끌고 아파트 마당으로 가서 아파트 벽 5층을 가리켰다.
 그 벽 위엔
 그날 밤

죽느냐 사느냐의 경계에서 사투를 벌인 우리 버럭님의
足畫족화(발로 그린 그림)가 그려져 있었다.

> ※덤
>
> **書·晝·畫**
> 이 글자들 헷갈리지요?
> 書글서—붓율聿+가로왈曰
> 즉 말씀을 붓으로 쓰니 글이다.
> 晝낮주 —붓율聿+아침단旦
> 즉 해가 떠서 아침이니 밝은 낮이다.
> 아침단旦 —수평선에 해 뜨는 모양
> 畫그림화 —밭田에 나가서 —평평한 곳에 이젤 펴
> 고 그림을 그린다

내 대가리도

내 맘대로

못 해

난
늘 긴~♡ 생머리였다.

혼인하여 1년 쯤 지난 어느날
난 서당 아래층에 가서 머리를 쌍둥 잘랐다.
시원~하다

드뎌 우리 낭군님 퇴근해 들어오길래
여보~♡
방글방글 웃으며

몸댕이 낭창낭창

한바퀴 빙글 돌았다.

나 ~어때~?

우유에 담갔다 나온 소릴 냈다,

내 낭군이

얼굴이 버얼겋게 되며

"사내놈처럼 머리가 그게 뭐냐?"

난

기분이 확 잡쳐버려서

"그래?

내 모가지에 붙은 내 대가리도

내 맘대로 못하면 뭐를

내 맘대로 하겠어?"하고는

뾰루퉁해서 발뒤꿈치에 꽁꽁 힘을 준 발걸음으로 안방에 들어가 침대에 엎어져 앙앙 울었다.

급히 따라 들어온 낭군,

날 안아 일으켜 앉히곤 도끼빗 들고 달겨들어

내 짧아진 머리칼을 옆으로 빗겨봤다가

가르마를 타 봤다가

올백으로 넘겨 이마를 드러냈다가

하다하다

안 되겠는지

도끼빗 옆에다 내려놓고

날 품어 안아 내 뒤통수를 쓰다듬으며 왈

"니는~♡

간판(얼굴)이 이뻐서 머리 짧아도 엄청 이뻐.

그런데 앞으로는 머리 자르지 않았으면 좋겠어."

"응."

 # 부부

싸움의

기술

깊은 밤 우리 버럭님이랑 잠자리에 누워

두런두런 얘기하다가 다툼이 났다.

화가 난 우리 버럭님

"에이c 나 집 나갈란다." 벌떡 일어나 주섬주섬 옷을 챙겨 입는데

바지를 입고 지퍼를 올렸다, 내렸다, 올렸다, 내렸다, 또 올렸다, 내렸다.

시간을 끈다.

난 이불 속에 찰떡같이 누워서 들은 체도 본체도 안한다.

"나 나간다." 하고는 안방 문을 활짝 열어젖혀놓고, 현관 앞에서 구두를 꺼내 신고는 야심한 밤에 구두솔 찾아 구두를 닦는다.

구두 닦으며 시간 끌어도 그냥 내비뒀다.

우리 버럭님 "우이 C, 나 찐짜로 나간다니까." 하는데 내가 아무 대꾸도 안하니, 식식 코꾸농 더운 김 뿜으며 현관철문을 꽝 닫아 화가 엄청 났음을 알리고 나가버렸다.

그리 나가버렸는데 내 어이 편하리오.

허나 나는 안다. 멀리 못 갈거라는 버럭님 동선 길이를….

ㅋ

짐작대로 얼마 지나자 현관 앞 발소리가 머뭇머뭇하더니 현관문을 활짝 연다. 들어서진 않고

(언네 땡깡부리는 목소리로)

"니 찐짜로 나 안잡을래?" 한다.

내가 못이기는 척 일어나 비척비척 다가가

버럭이 나온 배에 푹 안기며

"들어와 줘서 여보 고마워~~♡" 라고 하니

우리 버럭님

"나 찐짜로 나갈라고 했는데, 니가 나가지 말라고 사정해서
들어와 주는 거다."
나 왈
"알아 알아, 그러니까 고맙지.
당신 집 나가면 나도 꼬박 날 새울 껄?"
그렇게 마지막 자존심은 세워주므로
전쟁이 끝났고
2차전으로 레슬링을 심야전으로 했는지 안했는지 그건 몰러
생각이 안 난다.

〈남편 버럭과 함께〉

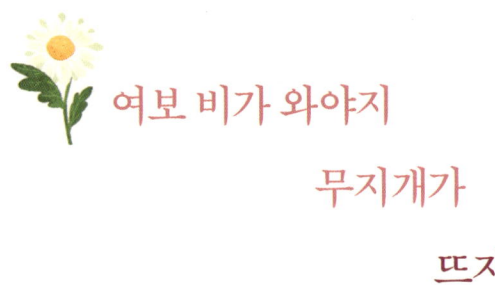

여보 비가 와야지 무지개가 뜨지

며칠 전 아침

우리 버럭이가 거실 가득 눈부신 햇살이 화안~하게 드니
"우리집 차암 기분 좋은데 왜 일이 힘만 들고 그날이 그날이냐?" 하길래
"여

보

비가 와야지 무지개가 뜨지~
 우리 그동안 비 맞았으니까 이제 곧 무지개가 뜰 거야~" 라고 했다.

어느 순간에
적합한 아내나 엄마의 말은
큰 힘이 된다.

손수레를
뒤에서 밀지 않아도
손수레에 고운 손을 얹기만 해도
신명나서 마당쇠가 되어
즐겁게 가는 우리 버럭님

비를 맞아본 자라야 진정한 나만의 무지개를
볼 수 있다.

※ 덤

車 – 수레거 · 수레차 – '거'와 '차'로 쓰이는 기준
– 전적으로 사람의 힘으로 가느냐에 따라 나뉜다.
예) 자전거自轉車 · 인력거人力車
자동차自動車 · 기차汽車 · 마차馬車

 첫

　　　사랑,

　　　　　끝사랑

가을 지나 겨울이거늘

내

깊어진 가을을 보내지 못하고

창밖에 밤바람처럼 잉잉거렸다.

어느 날 내 소식 받는 명단에 눈에 익은 색 바랜 이름이 눈에 띄었다.

차단된 카톡 친구에도 들어와 있길래 차단을 풀어 "뉘요?" 했더니

아뿔싸 "그"라고 했다.

2012년부터 쓴 400여개 내 story를 몇 번씩이나 봤단다.

벌거벗고 서서 머리에 화로를 인 것 같았다.

잘 사는 것 같아서 고맙단다.

자기는 기러기 아빠노릇 십여 년이란다.

스토리를 찾아가보니 딸아이를 그리워함이 처절해보였다.

그와는 서로 마음 보여주지 않고 손 한번 만져본 적도 없지만

"바보 그렇게 밖에 못 사냐?"

화가 나서 한동안 질퍽였다.

그래서

첫사랑이 잘산다면 배가 아프고

잘 못 산다면 가슴이 아프고

함께 살면 대구빡 아프다고 했던가?

오늘은 22번째 결혼기념일이다.

우리 버럭님

아들 데려다 주고 오더니

털고 쓸고 닦으며 청소를 하고는

오늘 결혼기념일인데

뭐 사주냐, 길래

깐마늘 3키로만 사 달라 했더니 5키로 사오고

이것저것 시장 봐와서

마늘을 다듬어주는데 의자에 못 앉고 엎어져서 다듬고 있다.

사실은 어제 우리 버럭님 똥꼬 수술했다.

엎어져서 5키로 마늘 다듬으며 시골서 가져온 대파 한~푸대

도 다듬어서 뿌리 따로 정리해 놓겠다고 한다.

……

나는 생각할 이유가 없었다.

소식받기와 카톡 친구에서 그의 이름을

차단했다.

삭제한 것이다.

눈썹은 두개로 나뉘어 있는 게 정상인데

한 개로 붙어있는 눈썹을 미련(眉連)이라고 한다.

잘라서 둘로 나뉜 지 오래거늘 지 혼자만 놓지 못하고

붙잡고 있어서 미련(眉連)이다.

난 미련없이 싹뚝 잘라버렸다.

나는
우리 여보한테
오늘 무엇으로 선물줄까?

걍!

내 목에 리봉달고 있을깡?

# 그렇게

탄생한

군대라면

이곳은

5시면 어둑어둑하다.

일찍 잠이 든다.

…

한껏 자다보니 새벽 3시 반이다.

우리 버럭님도 깨어서 뒤척이더니 내를 살살 꼬신다.

이댕고 할까?

싫어

하자~내가할게 니는 그냥 가만히 있어

내가 다아~할게

시이일어~

·

내가 그동안 맛보지 못했던

완전 끝내주는 맛을 보여줄게

알았어

오늘 한번만이야

응

이댕고 후딱할게

후딱하지마

천천히 제대로 해

알았어. 이댕고

오늘 니를 기절시켜줄테다.

아니 둘이 먹다가 둘 다 죽을 만큼 맛있게 할게

그렇게 탄생한
군대라면

맛나게 먹고 보니 새벽4시반

배를 맞추려니 가까이하기엔 너무 먼 당신이라 코골고 자는 버럭님 옆에서
가만히 내려다보니 내 배가 펑펑 부풀어있다.

라면이 불은건가?
아니면
혹시?
☆신?
…
요상타
별 본 일도 없꾸
별 볼 일도 없꾸

수채 별도 없는데

참말로 요상한 신새벽이네~

이 노땅 아줌마가 새벽 버텀 뭔 구신 씨나락 까먹는 소리로

구시렁댄다냐?

 悲
曲
(슬픈 곡조)

너는

어이해서

시리도록 깊은 밤

끄트머리 한 귀퉁이에

비암처럼 똬리를 틀고

면벽面壁하여 있는가

반쪽의 비익조로 세상에 와

다른 반쪽의 비익을 만나 비로소 새가 되었다.

실가락지 끼워주고

"너는 내 여인이라."에 감격이 굽이쳤다.

백년해로를 약속하고는

나 혼자 구십을 살아 달력이 한 장 남았구나.

내 안에서 우는

흐느끼는 해금소리

당신은 듣지 마시어요.

잠 못 슬어

뒤척이는 밤이면

하얀 이마에 옅은 햇살

가만히 내려앉을 때라야

잠에 잠긴다.

내처 이어지는 내 안에 해금이 숨죽여 운다.

 오늘 밤에

당신을

좀 먹어야겠다

병원이다.
주기가 빨라졌다.
며칠 전 내가

"당신 나 없으면 무섭겠지?
그러니까 있을 때 서로 잘하자"라고 했더니
새 장가 가겠단다.
…

"그래라

그래야 애들이 덜 신경써도 되겠지?
그런데 여보 새 여자한테는 버럭대지 마
당신 버리고 도망갈 거야."

…
응
…
진지하고 진심으로 말했는데
"응"이란다.
…
시간이 조금씩 흐를수록 허전하더니
섭섭하더니 괘씸하다.
…

새벽에 6시30분 서울대 병원으로 함께 갔다가 돌아오는
차안
적
막
이

흐
르
고
…

내가 입을 뗐다.

당신이 새장가 간다는 말이 엄청 속상하더라
지구에 홀로 남겨진 것 같고
속이 알맹이 다 빠져나간 빈속처럼 허기져
…
고요가 흐르고 둘은 앞 만 보고 간다.
…
그러니까
죽지 마!
나도 무서워
원래
남자들이 더 겁이 많아
…
"응"

당신이 힘인가 봐

나 허기져

오늘 밤엔 당신을 좀 먹어야겠다

오늘밤. 우리 집에 전화하기 없기

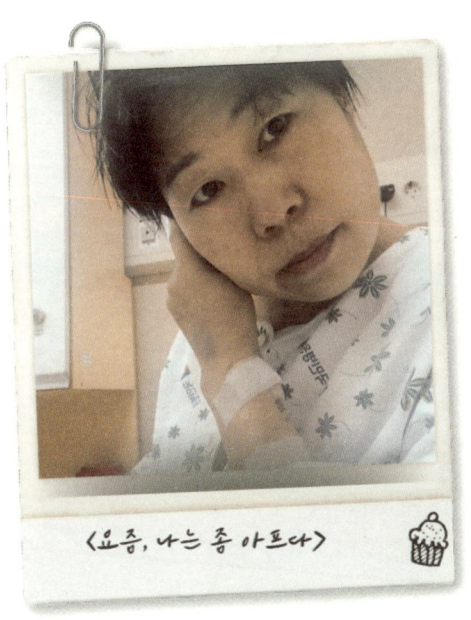

 당신은

어떠

세요?

당신은 어떠세요?

현기증을 떨치고 욕실로 갔다.
몸이 가렵다.

머리를 풀어 헤치고 머리를 거꾸로 떨구고 물에 적시고 샴푸 통을 짰더니
푸파 푸파, 빈 방구를 꾼다.
"여보—
샴푸 좀 찾아줘

어떤 게 샴푼지 몰라

글자가 작아서

안보여―"

버럭님 왈

"나도 몰러

글씨도 작아서 안보이고 이름들도 죄다 영어로 바뀌어서 몰러 ―

안보여

그냥 아무거나 짜서 써보고 거품이 많이 나면 그게 샴푸여―

그러더니 이댕고―

요깃잖어 리필 샴푸

욜루와봐

머리 대

내가 짜주께

찍―짜서는

내 머리를 감긴다.

…

쿵쿵 코 벌름벌름

...

요상타

...

버럭님 왈

거풍 잘 나지?

좋지?

난 요거만 써

...

헉

여보—

이거 퐁퐁이야—

...

이를 워짜워짜

...

제품 소개나

보험약관 등등

글자 좀 크게 써라.

보지도 않고 사인한지 오래됐다.

당신은 어떠세요?
나만 그런가?

> ※ 덤 머리감을 목 沐
>
> 氵삼수변은 물수水입니다.
> 氵삼수변+木은 삼수변은 글자의 뜻이고 木은 음이다.
> 해서 沐은 머리감을 목이다.
> 형성문자이다.

 내가

대한민국사람

맞는겨?

서울대 병원 가는 날
버럭님은 일이 바빠서 가평역에 나를 짐짝처럼 내려놓고 가 버렸다.
향방 없이 어리바리하다가 보니
옴마야
마스크가 없다.
버럭님한테 전화했더니 되돌아와서 마스크 주고 간다.

나는 또 거리에 남겨졌다.
역 개찰구까지 와서는 한참을 서성였다.

개찰구 통과 방법을 몰라서 다른 이들을 따라서 카드를 꺼내
대고 들어가는데 덜컥 쇳대가 나를 가로막는다.
다시 카드를 가로로 댔다가 세로로 대봤다가
뒤집어서 대봐도 기계가 묵묵부답이다.
가만히 사람들을 살펴서 순하게 생긴 나 닮은 여인한테 물었더니

"교통카드세요?"

"그건 모르겠고요
은행카든데요."

"이건 안돼요
표 끊으세요."

"표를 끊는 데가 없던데요?"

"저기 기계에서 하면 돼요."
…

내가 머뭇거리자

"돈 줘보세요 제가 해 드릴게요."

…

얼릉 신사임당 한 분을 내어주자

"이거 말고 만 원짜리 주세요."

"없는데요.
다 신사임당인데요?"

"저기 길 건너 편의점가서 바꿔오셔서 하세요.
전 빨리 출근해야 돼서요. 후다닥."

…

또

보리자루처럼 역 바닥에 우두커니 남겨졌다

어

리

바

리

뒤뚱뒤뚱 다녀와서 표 끊는 기계 앞에 섰다.

이것저것 눌러보고 두리번거리고

또 눌러보고 툭툭 기계를 때려도 보는데

어떤 아저씨가 다가와서 도와주셨다,

기찬지 전철인지

암튼 기다란 차를 타러갔는데 타고도 내내 불안했다.

방향이 맞는지 어떤지

…

옴마야

방향은 맞는데 환승역을 지나쳐서 종착역까지 가버렸다.

여러 번 물어물어 확인 또 확인해서 1호선을 탔고, 4호선으로 환승해서

서울대병원 도착

아침에 3시간 이상 먼저 나왔는데 9시15분 예약시간을 놓쳤다.

내가 대한민국사람 맞는가?

간첩인가?

그나저나

어리바리 사건이
요기서 끝났을까요?

아니지!

진찰받고
수납하고 한참을 걸어서
비탈길을 내려왔어요.
약국에 가서 종이를 내밀고
"약주세요." 했더니
처방전을 내놓으란다.
으매~
처방전을 안 받아 왔네.
또 언제 그 언덕을 갔다 온다냐?
…
그 후로도 전철을 또 타게 되었다.
나는 이제 교통카드를 보란 듯이 꺼내서 자랑스럽게 개찰구 네모그림에 척~ 댔다.
얼라리?

또 왜 안되는겨?

마음이 오그라들어서 카드를 가로로 대보고, 세로로 대보고, 뒤집어서도 대보았지만 소용이 없다.

그때 갑자기 웬 노인이 성큼성큼 오더니 내 손등 위에 자기 손을 덥석 포개 얹고는 아래로 당겼다.

그러자 문이 열렸다.

…

저녁에 버럭님한테 얘기했더니

내가 환장혀요~

앞으로는 전철 타지 마 내가 너 실으러 댕길게, 라고 한다.

그래서 우리 버럭님

지가 다하는구나!

속마음에
찌꺼기
남지 않도록

내 퇴근시간에 맞춰서 우리 버럭님 밥솥 취사 누른다.
새벽에도 먼저 눈뜨는 사람이 밥하고,
버럭이 혼자 마트를 댕겨오며 애들과 내
간식도 챙겨오는 다정한 사람이다.
평일에 내가 김칫거리 들고 오면 우리 버럭님 버럭버럭하
면서 니 또 할무니들 짐 덜어줄라고 주중인데 김칫거리 사왔
지? 환장허겄네~
잔소리를 하면서도 돗자리를 펴서 김칫거릴 다듬는다.
예전엔 사내들이 부엌에 들어오면 거시기 떨어진다고 했다.
고거이 참말이라면 우리 집 부엌 바닥은 고추멍석이리라.

이렇게 버럭이가 잘했다고 자랑을 해대면 몰매 맞겠지?

시방부텀 후반전.

요즘 계속 컨디션이 안 좋아서 간신히 버텼다. 어제 아침부터 강의 들으러 가고 분주하다.

오후 수업하고 기력이 쇠하여 집에 오자마자 엎어져 잤다.

10시 10분 쯤에 일어나 밥하고 찌개 끓이고

짠무 채 썰어 무치고, 이번에 담근, 곰취, 장아찌, 밑반찬, 갓김치, 김

그리고 자반고등어를 구워 11시 넘어서 밥상을 차렸다.

갓 지은 콩밥으로 시작을 잘하더니

"버럭"— 한다.

ᕙ(ᗒᗣᗕ)ᕗ

고등어가 탔단다.

"반 가른 거라서 뼈만 진갈색이야.

뼈 제거해줄게" 그랬더니 탔는데 왜 아니라고 하냐고

너나 다 먹으라고 억지를 쓴다.

내가 화가 나서 설거지하며 그릇을

깨부수듯 패대기쳤더니 사태파악을 했는지 암말 하지 않는다.

아침에 버럭님 왈 어제 고등어 뎁혀 달란다.

내가 "버릴거야." 했더니 먹겠단다.

난 뒤끝이 질기다.

당신이 전자렌지에 뎁히라고 했더니 할 줄 모른댄다.

미안한 기색이 역력하다.

나 왈

"이것 봐 뼈만 제거하니 안 탔는데 왜 억울하게 힘으로 누르려고 해? 어제 속상해서 토할 거 같더라."

아무 말 없이 미안한 기색이다.

난 안타깝다.

미안한 기색에 머물지 마라.

"그러게 어제 많이 속상했겠다."

입으로 시인하여 상대의 속상한 마음에 찌꺼기를 남지 않게 해주면 얼마나 멋질까?

그 상대가 어린아이일지라도….

> **※ 덤**
>
> 도할 토(吐) – 입에(口)에 흙이 들어가면 퉤퉤 뱉는다.
> 곤할 곤(困) – 입에 나무가 들어가면? 곤란한디….
> 가둘 수(囚) – 사람을 가두는 곳

# 구 타
(毆打)

앞 스토리에 달렸던 댓글에 어느 카친이
구타당한 언니 얘기를 쓴 걸 보고 명치에 걸린 구타(毆打).
제 친정은 평화 그 자체여서 생각 없이 컸는데
혼인 후에 알게 된 우리 시어머님이 시아버님께 당한 구타와
그런 아버지를 향한 우리 버럭님의 반항.
유난히 우리 식구들을 짐승같이 아끼는 버럭님에 속사정을
저는 알아요.
어느 해 겨울
저랑 다투고 제가 몹시 화가 나서
이삼일 입 닫고

버럭님을 방구석에 밀어 둔 보릿자루 취급을 했더니.

그 날 밤

누워있던 버럭님이 낮은 소리로 내게 말 하더군요.

나는 사랑이 무엇인지

사랑을 어떻게 하는 건지 몰랐다.

결혼하기가 두려웠었다.

남편 노릇을 어떻게 하는 건지

아빠 노릇을 어떻게 하는 건지 몰라서 두려웠다.

신혼여행 다녀와 액자 걸으려고 벽에 못 하나 박았더니 이댕고 네가

"우아~ 잘한다. 짱이다."

감탄해서 내가 네 옆에서 비로소 괜찮은 사람이라는 생각을 했다.

우리 애기를 낳고 기르며 아부지를 더욱 이해 못하겠고 용서가 안 된다.

이렇게 환장하게 살 떨리게 이쁜 애기들을 어떻게 때릴까?

이댕고

니는 다정하고 따듯하게 커서 참 다행이다.

나는 초·중고등·대학 입학, 졸업에도 아부지로부터 악수

도 한 번 받아보지 못했다.

아부지와 살이 닿은 건 아부지로 부터 매 맞을 때 뿐이었다, 고

……

화석처럼 딴딴해진 내 마음이 진흙이 되어 '푹푹' 꺼져 내렸다.

어두컹커만 거실 바닥

제 방 두고 스스로 쫓겨 나와

차운 거실 바닥에 누워 잠든 가장아

나를 돕는 배필아

나의 마지막까지 동행할 반려자.

소중한 내 새끼를 내 몸에 넣은 사람 애들의 아빠.

우리들에 보호자가

찬 마룻바닥에 잔다.

……

망연자실하여 조만치 털픽 주저앉아 있던 내가

가만 다가갔다.

이불 밖으로 나온 버럭님 두 발이

겨울날 버려진 언 고구마 같았다.

가만가만 그 발을 두 손으로 주물렀다.
코 골던 남편이 갑자기
코 고는 소리를 멈췄다.
차운 발 가슴에 품어 꼬옥꼭 어루만져 언 발을 녹였다.
멈췄던 남편의 코고는 소리가
다시 들리기 시작했다
그 소리 깊고 평온하다.
남편의 발이 내 살에 온도와 같게 되고도 더 한참을 어둠 속에서 품고 있었다.
동창東窓에 어둠이 엷어지고 있었다.

그냥 만지기만 했는데

- 19금 이야기 -

밥상에서
내가 아들에게 방금 밭에서 따온 고추를 불뚝 내밀며
"정일아, 엄마가 이렇게 농사를 잘 질줄 찐짜로 몰랐어
이 꼬추 좀 봐라
엄청 크지?"
아들 왈
그러게
어떻게 크게 길렀지?
순간 뗑겨져나간 말

그냥 만지기만 했는데 크더라.

딸—헉

우럼마 순발력 "헉"이다.

정작 아들은 무심하게 딴 곳을 보는데 저만치서 우리 버럭님 코꾸녕 벌름벌름 입도 벙긋벙긋 하면서도, 내게 으이그으으 하면서 손가락질 친다.

그 손가락 끄트머리에 홍등이 켜진다.

> ※**덤** 禁—금할금
>
> 이 글자는 林수풀림+示보일시로 보일시는 귀신이나 조상을 의미한다.
> 제사장이나 무당들이 숲속 깊은 곳에 신당을 차려놓고 기도했으므로 외부인의 출입을 금합니다.

 이혼

애기는

왜 꺼내가지고…

바라만 보는 에미는

수북한 눈길을 맨발로 푹푹 걷는 것 같다.

친정 언니 일로 십 수 년 남편의 고통이 질기다.

늘 미안하여 나름 힘껏 살고 있다.

종일 집에서 일하느라 힘들었는데 뭘 잘못 해놨다고 타박이다.

다툼 끝에 너 때문에

내 인생이 꼬여서 이 모양이다
그래 내가 평생 족쇄를 채웠네. 풀어줄게 이혼해!
누가 할 소릴 시방 누가하냐?
그래 그러니까 하자고.
스뎅 쟁반을 개수대에 깨부숴져라 패대기치고는

"애들아 엄마 방으로 와라"

앉아라.
셋이 앉았다.
내가
미안하다
정말 미안하다. 그런데
딸이 끼어든다.

엄마 의논 필요 없으니까 그냥 우리한테 통보만 해.
엄마 아빠가 남남으로 살아도 내겐 엄마도 아빠도
그대로 내 엄마 내 아빠야 둘 다 이해해.
……

아들은 내내 머리를 숙이고 아무 반응이 없다.

내가 가만가만 등을 어루만지며
"아가 우리 애기한테는 정말 미안하다." 했더니
아들 녀석이 펑펑 운다.

"아빠가 너를 군대 보내놓고 와서
얼마나 오래 울었는지 아니?
속을 한 번이라도 썩였어야 군대 가서 속 차리고 오라고 했을 텐데….
바라만보다가 빼앗기고 왔다고 하면서 오래 우셨다."

아들이 울면서 입을 열었다.
"엄마 입장도 내가 충분히 알아 이해도 되고
그런데 엄마, 아빠가 어제도 사다리 타고 올라가서 공중에 매달리다시피 땡볕에서 한 팔로 지탱하고 일할 때, 난 땅에서 사다리 붙잡고 얼마나 애가 타고 아빠가 무건 짐도 놓치지 않으려고 바들거릴 때, 난 그런 순간순간을 5학년 때부터 봐왔어. 내가 더 힘쓴 만큼 아빠 일이 줄어드는 걸 아니까, 군대 휴가 나와도 친구는 심야에 만나고 난 아빠가 1번이었어.

엄마 나더러 어떻게 하라는 얘기야.

딸아이는 아까부터 동생을 끌어안고 마냥 울고 있다.

……

아가

애들아

엄마가 잘못했다.

엄마가 진짜로 너무 잘못했다.

처음 꺼낸 이혼 얘기 내 평생에 그런 일은 없다.

아침이 되어 도시락을 싸고 휴가 첫날

가평에 동행했다.

펜션 도착

밥을 차려주고 난 시원히 자다 깨다 저녁엔 바베큐로 배 두드리며 먹고는

아들과 침대에서 자다가 새벽녘 방바닥에서 고단히 자는 남편에 팔을 베고 가만히 배를 쓰다듬었더니 몸을 틀어 잠시 품어주고는 이내 몸을 펴고 숨소리 깊다.

고단하구나.

픽

고단하구나.

아들에 숨소리는 더욱 깊다.

푹 쉬렴.

가만가만 달그락, 달그락

도각도각 도마소리 사이사이로 父子의 숨소리 흐르고

그 위로 갓 지은 밥내가 솔솔 코끝에 대롱대롱.

※덤 休—쉴휴

人+木으로 사람이 나무 그늘에서 쉰다는 글자이다. 엄마 아빠가 하늘이고 땅이라면 아이들은 그 땅에 뿌리를 내리고 자라나는 나무 일 것이다. 땅이 두터워야 나무가 뿌리를 깊게 내 릴 것이니 요동치지 말고 묵묵히 등을 내어주자.

# 여보,
내가
애 혼내줬어~

우리 버럭님은 눈우물에서

냉수, 온수 다 나온다.

우리 버럭인 새끼들 바라볼 땐 눈빛도

부디리 부디리 하고

내를 볼 때는 이댕고(애칭) 이게 왜 여깃냐?

부라쟈가 식탁에 올라올 물건이냐?

하면

내가 상냥한 목소리로

그러네~

어머나 애(부라쟈)

너는 우리 여보 짜증나게 식탁에는

왜 올라갔니?~

여보

"내가 애 혼내줬어~."

라고 하면서 눈 맞추고 방글방글~

해요

> ※ **덤** 品물건품
>
> 일반적으로 물건品品이라는 글자는 상자를 쌓아놓은 모양을 글자화 한 것이다.
> 그런데 달리 보면 品을 입구口자 세 개로 볼 수도 있다.
> 어떤 사람과 말 서 너 번 주고받다보면 그 사람의 인품을 가늠할 수 있게 된다. 그래서 品을 인품 品으로도 쓴다.

 한 번밖에

　　　　　안물어

　　　　　　　봤잖어

버럭님 삐져서 교회를 안가겠단다.
짜증이 화르륵 오른다.
뜻대로 하셔요
하고는 혼자 댕겨오니
꼼짝 않고 누워있다.
"나 동치미 국수할 건데 당신은?" 했더니
"안 먹어." 한다.
아싸 호로록짭짭 하~♡
맛나게 혼자 먹고 자버렸다.
잠결에 부스럭거리길래

피 땅콩 깨는 버럭님한테로 다가가 그 앞에 앉으니

버럭님이

왜?~하길래

생각없는 애처럼

"땅콩 먹을라구."했더니

"니는 국수 혼자서만 먹구 왜 내 땅콩 먹어?"

"그러니까 아까 물어봤잖어."

버럭 왈

"한 번밖에 안 물어 봤잖어?"

나 왈

"먹겠다고 할까봐 한 번 물은 거고 물어봤으니 내 탓은 아니지. 히히힝."

버럭 왈

치사하다

나 왈

"튕기지 마, 튕겨져 나가는 수가 있어."

훌러덩

-욕곡봉타(欲哭逢打)-

살곰살곰 밤나무 아래

납짝 엎드려서 즘승처럼 낮췄다.

아하

도둑질은 겸손한 자세로 하는 거구나.

넘에 밭 옆 씨알 굵은 놈은 줍지 않고 다람쥐도 외면하는 도토리만한 밤 줍는데 눈빛은 반닥반닥 돌아갔다.

장화 신고 뻘건 고무장갑 끼고

장똘뱅이 모냥을 했는데 보물찾기보다 혼자서 더 재밌다.

밤톨이 대구빡을 "딱" 쳐도, "아얏" 소리 꿀떡 삼키니 달다.

그때

"훌러덩" 힘없이 내가 비탈로 둥굴르고 있었다.

순간에 내 지다란 몸땡이가 둥글게 오무려졌다가 작대기처럼 'ㅅ'자로 엎어져 있는 게 아닌가.

순간 내 눈에 든 때글때글 소복한 밤톨들

눈이 번쩍 뜨였다.

아이 좋아~

넘어졌더니 밤 한바가지가 나를 기다리고 있네~

아싸바리바리~

넘어진 게 다 나쁜게 아니네

넘어지면서도 놓지 않은 꺼멍봉다리에 담으려고 디다보니

"으메 내 밤 다 워디갔대나?"

얼레?

요밤이 도로 그 밤인겨?"

흐아앙~

추레하게 집으로 들어서는데 우리 버럭님 눈 뚱그레져서

"지다란 놈(뱀) 나오면 워쩔라고 쏘댕긴다냐~~"

ㅡ~##÷=/~=÷#

좔좔좔 시작하는 찰나에

"암말 하지마.

한마디도 하지 마

나

건드리면 물주머니 터져

으아아앙~"

나 시방 속상하단 말이야 아아앙~

왜?

몰러 그냥 막 속상해~"

저만치서 버럭이가 "픽"하고 웃고 있다.

에잇!

> ※**덤** 욕곡봉타-欲哭棒打
>
> 하고자할욕欲-골짜기곡谷+하품흠欠-골짜기를 올라가려고 숨을 다부지게 들이마시고 걷는다.
> 哭울곡
> – 은 큰 개가 컹컹 울듯
> 만날봉逢
> – 책받침은 부수 奉받들봉은 음-형성문자
> 打칠타
> –손으로 못을 칠 타.
> 욕곡봉타欲哭逢打–울고 싶은데 마침 몽둥이를 쳐주니 으아앙~

 찬란한

봄

날에

어느날 이었어요.

버럭님이 버럭대서

"너 지겨워————" 소릴 패대기치고는

큰언니 집으로 냅따 달렸다.

우이 C, 너 우리 언니한테 다 이를거다.

엉엉~

눈물을 닦아내고 끊임없이 닦으며

한 20분은 족히 갔을 거다.

뭔 놈에 눈물이 닦아도 닦아도 시야가 뿌옇다.

더 빨리 닦아도 앞이 뿌옇다.

신호등 보고 횡단보도 앞에 멈췄다.

지나는 사람들이 자꾸 쳐다본다.

나는 짜증이 치밀었다.

"뭘봐! 이것들아!"

정신을 차리고 하늘을 보니 눈알이 빼근하다.

찬란한 봄날이구나

…

으잉?

요거이 뭣이라냐?

눈이 부시게 푸르른 이날에 뭔놈에 윈도우 브러쉬를 앵앵앵앵 마구마구 왔다갔다 하게 했느냐

눈물을 닦는다는 것이 윈도우 브러시를 흔들어대며 왔던 것이었다.

> **※ 덤** 자매(姉妹)
>
> 姉손위누이자 ―女+市저자시로 시장에 갈수있는 여인―누이자
> 妹손아래누이매 ―女+未 아니 아직 시장에 가지 못할 나이♥

봄을
부르는
말

난 아뭇 소리도 안내고

스댕그륵만 개수대에 패대기쳤다.

……

이사를 한다.

걸리적거린다는 이유로 식구들이 나를 제외시켰다.

강의가 일찍 끝났다.

집으로 가는 중이라고 아들한테 전화했더니

엄마 와도 쉴 자리도 없고 엄마 할 일도 없으니 다음 수업 가란다.

어제, 오늘 버리고 버려도 우리 집은 난지도 같다.
그런 틈바구니에서 나는 내일 올라오시는 우리 어머님 맞을 생각에 들떠서 간장게장 담으려고 간장을 끓였다.
우리 버럭님 주방에 오더니
버럭—
한다.

"어머님이 내가 만든 간장게장 엄청 좋아하시잖아."

"한끼니 사드리지 무슨 번거롭게 난리냐."하더니
전화해서 오시지 말라고 해야겠단다.

난 아뭇 소리도 안내고
스댕그륵만 개수대에 패대기쳤다.
…
(바보 내가 당신을 좋아하니까 엄니가 오신다는 소식이 반가운 것이지만
지금은 당신을 제외하고도 엄니랑 나는 끈끈하게 애낀다.)
'한 끼 사드리면 될 일이라고?'

(평생 모시고 사는 이들도 있는데

모처럼 오시는데 남에 손 빌어서 밥을 해드리노?)

속으로 웅변하는 연사처럼 부르짖었다. 온몸이 지릿하다.

…

내 뒷모습이 단호해 보였는지

몇 발치 등 뒤에서 머뭇머뭇

내 마음을 풀어주지 못하고 어색히 서 있더니

"힘들게 살지 말어."

…

그 한 마디에

내 마음은 봄날

> ※ 덤 춘하추동(春夏秋冬)
>
> –춘(春) = 三 + 人 + 日 세 사람이 일요일에 봄소풍 간다.
> –하(夏) = 頁(머리 혈) + 夂(뒤쳐올 치) 머리를 늘어뜨리고 천천히 걸어간다.
> –추(秋) = 禾(벼 화) + 火 불같이 뜨거운 가을볕에 벼가 익어가는 가을
> –동(冬) = 夂 + 冫(얼음 빙) 맨 나중에 얼음 가지고 오는 계절

 럭비공

차는

이사임당?

한의원에서 침 맞는 걸로 부족하여 우리 버럭님 날 데리고 정형외과엘 갔다.
깁스를 하고 나와서는 내가 남편에게 물었다.

"여보,
이거 봐 근사하지?" 하고는 깁스한 다리를 보여주었다.

버럭님 왈
내가 환장해요.
니는 어쩜 그렇게 가만가만 소리도 안내고 사고를 치니?

남들은 모를거다 내가 늘상 니 뒤치다꺼리하며 사는 것을….

"사람들이 가끔 나더러 이사임당이라던데?"

개뿔 이사임당?
우리 친구들도 날더러 전생에 이순신 장군이었냐고 물어
알지도 못하고….
그나저나 의사가 뭐래?
응
난 아무 일도 하지 말고 당신시키래,
캬~♡

> ※ 덤 남편은 내게 편한 사람이다.
> 남의편이 아니다.
>
> 편할편(便)에 대하여 便은 사람 인人변에 고칠경更을 더한 글자다.
> 고칠 땐 불편하니까 고치는 거고 고치니 편하고 좋다는 뜻
> -편안便安·편지便紙
> -남편男便─결혼해서 남편되면 편했다.

 거
시
기

모처럼 남편과 서울 나드리 간다.

여보~

효녀(엠마) 언니가 처음에 내 스토리보고 여러번 울었대~

왜?

당신이 나 챙기고 염려하고 애끼는 걸 보고 운 적이 많대~

니가 워낙 애기같고 덜렁거리니까 내가 너한테서 눈을 못떼지~

당신도 덜렁거리던데?

내가?

난 안 덜렁거려

당신 덜렁거리는 거 맞여

거·시·기

…

버럭님이 코꾸녕을 벌름거리며 입이 벙긋벙긋 하면서도 웃음을 꾹꾹 누르고
난 그 옆댕이에 낭창 감겨서 깨르르륵 깔깔 거리니 버럭님 참던 웃음을 놓치고는 푹―웃으며
내게 "으이그~"하면서 행복 함뿍 보내온다.

※덤 亰서울경 상경(上京)하다.
　　　 亠 + 口 + 小

上의 뜻은
위 – 상하 – 위아래
올라가다 – 상경 – 서울에 올라가다.
올리다 – 인상 – 가격을 올리다.
임금님 – 上께서 – 임금께서 으로 쓰인다.
亰서울경은
亠 + 口 + 小으로
亠은 높다라는 뜻이 있다.
亰을 풀이하면
亠높은데 올라가니 사람들이(口) 작게(小)보인다.
높은 건물 많은 서울

죽
竹
—

바람소리 꿈꾸는
절개나무숲
나란히 기대어
나는 바람이
되리

담현 유정연/
서예 묵화/
2020년

죽(竹) 열호당 펜션 & 가족 이바구

우여곡절 끝에 열호당 펜션을 열었다.
우리 부부의 일터이자 자녀의 쉼터이다.
나의 방장사 이야기이자, 내 가족 주변의 희노애락을 담았다.

'방장사' 지 밥장사 아닙니다

며칠 전 밤 10시쯤 당일 예약 손님이 들었다.
스님 한 분과 연로하신 신도 6분
방값을 반접어서 받고는 편히 쉬도록
안내했다.
손님들 애깃 속에 설핏 스친 말
내일 아침 일찍 문 여는 식당이 없어서 걱정하시는 소리를 들었다.
새벽 4시에 연로하신 객실 손님들 식사 걱정이 나를 깨웠다.
"그래 따순 밥 지어 드리자."
말린 나물 불려서 볶고 묵은지 멸치 넣고 뭉근히 한 시간 반

을 조리하니
연로하신 어르신들 훌렁훌렁하게 드시겠다 생각하니 흐뭇하다.
묵은지 한 구퉁이 베어 넣고 청국장 오래 끓이니
열호당 뜨락에 향기 가득하다.
기쁜 맘으로 상 차려 드리니 황송하다면서 가장 연장자께서
"기적이다.
뜻하지 않은 대접을 받으니 이런 게 기적이야." 라고 흡족해 하셨다.
슬며시 혼자 오셔서 밥값을 물으셨으나 저는 방장사지 밥장사는 아닙니다.
제겐 숙제가 아닌 축제요, 잔칫날이예요.

그랬다.
내 어릴 적 너른 터에 안주인
우리 친정 엄니는 늘 아프셨고 농토가 그리 많아도 평생 호밋자루 손에 든 적 없었다.
그래도 가난한 이웃과 지나는 길손들에게 잠자리와 음식 내어주는 일을 즐겨 하셨다.

그지(걸인)들도 절대로 문 밖이나 봉당에서 밥 먹게 안하셨다.

더구나 깡통에 음식을 몰아서 돼지죽처럼 주는 일은 안하셨다.

꼭 작은 밥상에 상 차려서 마루로 올라와서 먹게 하셨다.

이런 환경 유전자가 내게도 스몄나 보다.

학원으로 행상 온 노인들 짐이라도 덜어줄 요량으로 물건을 산다.

요즘 펜션 끝동 리모델링하러 온 젊은 집주인이 혼자 공사하는 날은 불러다가 함께 밥을 먹는다.

모두 밥은 그냥 준다.

그래서인지 지갑은 얇아도 곡간에 쌀은 늘 가득하다.

이제부터는 돈을 줘볼까?

※덤 걸인乞人

乞구걸걸
- 人+乙로 다른 사람 아래에서 무릎을 꿇고 구걸하는 모습을 뜻합니다.
새을乙자를 "ㄹ"로 쓰인 경우가 많아요. 乙과 ㄹ이 닮아서 그런가 봅니다.
예:米쌀미+乙
䎃 – 쌀
쌀부대 䎃負袋

 소갈비

놔두고

뭘 먹은기여?

노릇노릇

재글재글

색깔도

소리도

고소하다.

우리 버럭님

난 고기 안 먹어

"앗싸!

내가 많이 먹는다.

그래 마침 익은 물김치."

물김치 떠오니. 국수도 말아먹고 싶네
밥 말아 먹자.
김칫국물에 밥 말아 먹고 배 두드리다 뒤늦게 발견한 소갈비….
으메~ 환장혀요.
정작 갈비는 식어 뻐드러져 있고
내 배는 이미 빵빵하고.

〈열호당펜션 창문 서예작품 장식〉 ♡

 다정도

넘치면

병

어제 펜션 청소 중에 딸아이로부터 전화가 왔다.
아빠랑 다퉜다고 억울하고 속상한 얘기를 울먹울먹 쏟아낸다.
한참을 듣고, 편 들어줘서 조금 마음을 진정시켜줬다.
비록 자기에게 유리한 증언을 할지라도 더 상하지 않게 우선 편들었다.
퇴근해오니 우리 버럭님은 아무시롱 않길래 낮에 일을 물으니 아르바이트 그만두라는 문제로 다투었단다.
아들이 왔길래 안방으로 불러 낮에 일을 얘기하니 듣기만 한다.
설거지를 하는데 우리 버럭님이 정일아 어디가니? 하니까 편의점 간단다.
……

한참 후에 문자가 왔다.

"엄마, 누나 뭣 좀 먹이고 이따가 누나랑 함께 들어갈게." 라고.

그사이 나는 우리 버럭님을 설득했다.

다정도 넘치면 병이고 사랑도 과잉이면 부작용이 일어나니,

어느 만큼은 고삐를 느슨하게 풀어 애들한테 맡겨봅시다.

같은 말도 "도 아니면 모" 식으로 선을 그어 말하지 말자고 했다.

시간 흘러 꽃들이 앞다투어 피듯 우리 애들이 활짝 웃으며 하하호호 들어선다.

우리 버럭님은 거실서 트래비 보며 누워있고, 지영이가 활짝 웃으며 안방으로 온다.

"기분이 좋아졌구나?" 하니

지영이 왈

"엄마 편의점에서 일을 하고 있는데

정일이가 쑥 들어오더니 빠리바게뜨 빵봉지를 쑥 내밀며 암말도 안하고, 가만히 내 손을 꾹 잡아주더라."

(그 속에 누나 속상했지? 배고프지?

누나 마음 내가 안다는 동생에 이런 마음이 누나한테 전해졌나 보다.)

누나 일을 3시간이나 도와줘서 일이 수월했단다.
지영이가 거실로 나가 누워있는 아빠 팔을 끌어다가 팔베개를 하고 아빠를 끌어안고 눕더니, 아빠랑 뭐라고 뭐라고 하더니 딸아이가 아까 대들듯이 말한 거 잘못했다고 하면서 자기도 속상했다고 펑펑 운다.
아니라고 아빠가 성질 나쁜 유전자를 줘서 미안하다고 서로 품어 화해하길래 내비뒀다.

※덤 청소(淸掃)

淸 물 뿌리며 깨끗이 청소한다.
掃 손으로 빗자루를 들고 쓸다.

지팡이 를 버려라

어제 딸아이가 흥분한 목소리로 거실로 튀어 나오며
"엄마, 성적이 거의 다 A+와 A야."
하면서 얼굴 벌개서 자랑한다.
뉘 집에서 흔히 있을 수 있는 일이지만 내겐 귀하다.

그래
공부는 배반 안한다고 했지?
"지난해에 내가 네게 들려준 지팡이 얘기 기억하니?"
……
딸아이가 정확히 기억하고 있었다.

애야

엄마처럼 학자가 되란 얘기가 아니야

전문인이 되렴

흥미있고 재능있는 네가 선택한 그 분야를 제대로 공부하면 좋겠다.

지난해

올린 지팡이가 썩지 않고 아론에 싹 난 지팡이가 되었어요.

– 지팡이를 버려라.(지난해 올린 글)

딸아이가 대학을 들어가더니 1학기 내내

심드렁하니 잘못 온 거 같다는 둥 괜히 갈아탔다는 둥….

내심 마음 편치 않았다.

역시 성적도 그다지 좋지 않다.

여고 때도 성적은 좋지 않으면서도 내내 반장을 했다.

어제 1호선 전철역까지 태워다 주는 차 안에서 내가 딸아이

에게

지영아,

어느 마을에

할머니가 한 분 계셨어.

늘 꼬부랑꼬부랑 지팡이를 짚고 다녔는데

어느 날부터 허리를 펴고 다니는 거야

그래서 어찌된 일이냐

물으니 의사가 긴 지팡이를 줘서 짚으니 허리가 펴지네, 라고

하시더래

그랬더니

딸아이가

"엄마,

무슨 말인지 알겠어."

"그래 허리가 펴지는 줄도 모르고 짧은 지팡이를 짚고 다닌 할머니처럼

난 네가 허리조차 펴 보지도 않고

허리를 반으로 꺾어서 사는 것 같아

널 보면서 참으로 아까웠어

이제 긴 지팡이를 짚어보렴
키가 배로 커질거야."

언젠간 긴 지팡이마저 버리고 혼자서도 잘 걸을 것이고
훨훨 날 수도 있을 거야
해 보지도 않고 선을 긋지마라.
선을 그어 구역을 지으면 그 안에 갇힌다.

짧은 시간 차 안에서 나눈
딸과의 대화다.

앞으로 뻗어 나가렴
엄만 열심히 밥 할게~♡♥

동

서

울고 있구나.

…

깊은 밤

전화벨이 울린다.

동서다

안부 몇 마디 오가는데

밀려드는 마음에

"동서 목소리 들으니까

보구싶따아~

와~

밥해놓을게."

라고 했더니

동서가 꺼억꺼억 운다.

"형님

저 보고 싶다는 말을 평생 처음 듣는 거 같아요.

기억도 안 나고

저 먹으라고 밥 해준다는 말이 어쩜 이리도 따듯할까요?

형님이라고 말고 언니라 부르고 싶어요."

그렇구나

그랬었구나

깨달음을 주는 말이 아니어도

따듯한 말 한마디가 수십 년을 게워내게도 하는구나.

더운 여름날 끼고 살던 부채

가을 골방에 던져졌구나.

머리 곱게 가르마 타고 찬거리에 서있다.

어서와~

잘 왔어

우리 이제 밥 먹자

> ※덤
>
> 누가 동서를 동쪽 서쪽처럼 한 편일 수 없는 관계라 했는가.
> 同壻동서
> 동서는 같은 터(土)에 사는 서로 돕는자(胥)라는 뜻이다.
> 胥—도울서

〈손 아랫동서랑 둘이서 단풍놀이〉 ♡

차이

며칠 전 새벽일이다.

내가 방에 불을 켜자 딸아이가 가만히 들어온다.

내가 딸아이에게

오늘 엄마의 부산 친구랑 아들 오는 거 알지?

했더니

안다면서 앞으로는 통보하지 말고 자기를 배려해 달란다.

그래서 친구가 우리 집 놔두고 다른 숙소로 갔으면 엄만 되려 섭섭했을 거야.

먼데서 오면 당연히 우리 집에서 숙식하는 게 우리 시대의 정서라고 했다.

그랬더니

그건 엄마시대 엄마의 정서이지 나의 정서는 아니고, 아파트는 엄마 혼자의 집이 아니란다.
식구 아닌 청년이 제 옆방에서 자고 있으면 제가 불편할거라는 걸 배려했어야 했단다.

"하!"

그렇구나
그랬구나
엄마가 생각이 짧았구나.
미안해
잘못했어
넌 참말 똑똑하고 분명해
진심으로 사과했다.
그리고는 딸아이를 가만히 품고 이야기했다
"지영아,
잘못했을 땐
상대가 어리든 지위가 낮든 상관없이 깔끔히 인정하고
사과해야 한다."

변명이나 합리화로

상대를 설득하려 하거나

윽박지름은 더더욱 안된다.

잘못이나 실수는 누구에게나 있을 수 있다.

그 상황에 응하는 모양새는 제각각이다.

그 대처하는 모습에서 그 사람을 알 수 있다, 라고

응 엄마

우리 엄마,

딸아이가 내 품속으로 더욱 파고든다.

※ 덤 恥 부끄러울 치

귀耳 근처에 부끄러운 마음이心 벌겋게 드러난다.
恕용서함―상대 입장에서 같은 如마음心이 되어보면 이해가 충분하여 용서가 된다.
용서란
한 번 봐주는 게 아니니 으름장 놓지 않는다.

 워트기

　　한뎃잠을

　　　　재운다냐?

우리 아들은

강원도 양구 산골짝에서 텐트치고

2명씩 혹한 훈련기간이라 동태가 되어서 밤에 잠이 안 온다네요.

영하 24도보다 더 기온이 내려가야 멈춘다네요.

체감 온도는 얼마나 더 추울까.

얼마 전 첫 휴가오면서 아빠 일하실 때 쓰라고 핫팩을 세 박스나 사서 메고 오더니

정작 저는 핫팩이 없다, 하니 발열조끼라도 사보내고 싶고

핫파스 사서

등판, 배때기, 궁댕이, 발판 다 붙여주고 이 어미가 몸으로라도 덮어주고 싶은 심정이어요.

녀석 기절초풍할 테니 이불 노릇은 버럭님한테나 써야겠다.

어제 낮에 어머니 전화하셔서 니가 보낸 편강과 나물 반찬들 동네 아줌씨들이 맛나다고 죄다 먹었고

편강도 한 줌씩 나눠줬다고

힘든데 이런 거 만들어서 보내지 말라 하시면서도 기분이 퍽 좋아보이셨다.

그런데 거기다 대고

정일이 한뎃잠 잔다고 훈련 중이라고 했더니 우리 엄니 화가 나셔서

뭐?

급쌀마질놈늘

우라질놈

넘에 귀한 자슥 데려다가 이 추위에 워트기 한뎃잠을 재운데냐?

엠병앓놈

즈이들도 한뎃잠 자보라지

그 얌전하신 우리 엄니 엄청 욕설 퍼 부시니 그래도 위로가 된다.
할머니의 열기가 전해지기를
에미의 기도가 이뤄지기를 바라는 밤이다.
견디렴
버티렴
안전하렴
살아남아라.
적자생존이다.

〈열호당펜션 겨울 설경〉

 흉터가

             무늬되도록

                      두자

내게선 두엄 썩는 내가(냄새) 뜨끈뜨끈 났다.
아무 소리 안 내고 속으로만 슬픈 우물이 끝없는 늪처럼 깊어만 갔다.

내 스토리엔 친정어머니보다 시어머님
이야기가 훨씬 많고 애틋한 고부간의 속 깊은 끈끈함을 내가 써 놓고도 관객이 되어 질퍽질퍽 감동하는 때도 있었다.

맨살을 단도로 직입하듯 엄니의 날고기 같은 생경한 언어의
파편들이

부서진 사금파리가 되어 내 맨살에 마구잡이로 박혔다.
남편한테 말해봤자 결국 자기 엄마이니
내 남편만 중간에서 힘들 테니 입 닫자
그 후로 우리 엄니
표정없이 쇠락해 가는 내 낯빛을 읽으시고는 수차례 진심으로
내게 잘못했다고 거듭거듭 사과하셨지만
경직된 나의 낯빛은 미동도 않았다.

그렇다고 싸늘한 것도 아닌데 마치 박제같고 맛으로 치면 지푸라기 맛 같았다.
찔린 가슴을 눌러 막느라 엄니를 배려할 겨를이 없었다.
아니 엄니의 불편한 심기를 외면했다.
주주마다 엄니는 내게 전화하셨고
내게 선 그 어떤 감정도 일지 않았고, 무례하지 않을 만큼에
고부간의 관계의 사슬만이 그 사이에 놓여있었다.

그러던 어느 날
우리 어머니 또 빚 진 친정 언니 애길 꺼내신다.

잘못했다고

내가 토악질하듯 어머니께 쏟아냈다.

엄니

제게 왜 그러셨어요?

이쁘다 착하다, 고맙다, 우래기, 어이쿠 우래기, 시상에나 고단하겠다, 어여자라, 고맙다 고맙다.

수 천 수 만 번 듣던 말이 다 거짓이었어요?

-아녀아녀 참말이여

미안타 미안타

하시는 엄니를 향해

결국 며느리는 남인가요?

엄니를 향했던 제 마음이 무토막처럼 싹뚝 잘렸어요

엄니 나빠요

엄청 나빠요 ~

이제 엄니 뵈러 판교에도 안 갈 거예요.

앙앙~

아녀 아녀

판교에도 와~

안 보면 보고 싶잖니?

싫어요.

안 가요

안 보고 싶어요.

보고 싶으면 엄니가 저 보러 오세요.

저 비싸요

판교 안 갈 거예요

엉엉

나쁜 우리 엄니다~잉잉~

깊은 우물물 길어 올리듯

게워내고 게워내도 새 물은 올라오지 않았다.

……

시간이 필요할 것이다.

얼마만큼 지나면 흙탕물 가라앉고 지장수 되듯 이내 마음도 명경지수가 되기를 바란다.

상처 아물어 흉터가 될 바엔 개처럼 그 상처 핥지 마라.

염소처럼 소처럼 게워내지도 마라.

시간이 명약이다.

흉터가 무늬되도록 그냥 두자

> **※덤** 내 남편은 이 사건을 모른다
>
> 얼핏 흘렸을 뿐….
> 나는 화를 잘 안 내지만 뒤끝이 질긴가 보다.
> 글 쓰는 내내 질질 운다.
> 눈물은 세로로 흘러내려서 泣울읍 이다.
> 嗚울명은 입구口가 있으니 소리로 울 때 쓴다.
> 울면서도 공부 가르쳐주는 내는 역시 좋은 훈장ㅋ
> 사랑해요~♡

 아픈

만두

마음

남편 잠든 야심한 밤에

말랑말랑 밀가루 반죽을 해뒀다.

이른 새벽

바스락 몇 줄 서책 열어 눈 씻고

남편 기침 소리에

엇저녁에 준비한 청국장 뎁혀

윤기 자르르르 흐르는 막 지은 콩밥을 차려 놓으니

다른 반찬 필요없다고

청국장, 김, 밴댕이 젓갈

이 세 가지로 끝내고

6시 시간대에 일터로 갔다.

밀가루 반죽을 홍두깨로 밀어 만두 만들고, 반죽 한 꼬시랭이 뚝 잘라 딸아이 좋아하는 엄마표 칼국시도 준비해 놓았거늘

언제쯤에나 흠씬 자고

베시시 햇살담은 미소로 방문 열고 나오려나

난 이미 만두 2개 삶아먹고

식탁에 앉아 폰을 두드리면서도

딸아이 방문 쪽에 자꾸 눈이 간다.

노란 제비 주둥이처럼

호로록 호로로로록 먹을

딸아이 웃음소리가 만두를 삶기도 전에 식탁 가득 탱글탱글 핀다.

아픈 만두

맵고 쓰리고 애린 속

뼈얼겋게 멍든 속내

보일세라

들킬세라

앙다문 그 입술 창백쿠나

생각없는 안주인이 허락없이 깨무니

아얏 소리는 더욱 깊이 숨어들고

탁 터지니 좋다고 거짓말을 한다.

 가정

건강

배달부

야쿠르트 아주머니와 식탁에 마주했다.

아주머니 말씀이

나를

15~6년 봐오기만 했는데 한결같아 보인다면서

요즘 젊은 여자들이 자기를

무시할 때마다 상처를 받는다고 한다.

왜 무시해요?

배달은 아무나 할 수 있는 일이잖아요

……

아주머니

그렇지 않아요.
예를 들어 화살 만드는 일과 방패 만드는 일을 업으로 할 때
어느 것이 더 좋아 보이세요?

저는 직업에 귀천이 있다고 생각하지만
사람을 살리는 직업도 있고 사람을 죽이는 직업도 있습니다.
아주머닌 건강을 배달하시는
거잖아요.

"가정 건강 배달요!"

아주머니가 갑자기 눈물을 글썽이신다.
나요, 이 일을 20년을 넹겨했시유.
그렇게 멋있는 생각을 해 본 적도
들어본 적도 없어유
그런데 오늘 선상님의 그 말 한마디가
나의 잃어버렸던 20년을 모다
보상을 해주는 거 같어유
선상님 고맙습니다 (갑자기 선상님이란다.)

子曰: "知之者不如好之者, 好之者不如樂之者."

(자왈: "지지자불여호지자, 호지자불여락지자.")

공자왈

그것을 아는 사람은

좋아하는 사람보다 못하고

좋아하는 사람은

즐기는 사람만 못하다.

〈열호당펜션 창운 서예작품 장식〉 ♡

 벌

세우는

이쁜 마음

종부나

앞치마를 둘렀다.

부엌에서 어정거리니

어머님 말씀이

걸리적거리니 저리로 가란다.

설거지를 하니

막내 동서가 내 손에서 수세미를 가져간다.

나물을 무치니

세월아 네월아~

아랫동서가 나물 통에

바지런한 손을 넣어 후다다닥 끝낸다.

난 양념 묻은 긴 손을 든 채

부엌 구퉁이에

서

있다

교실 뒷자리로

쫓겨나

벌

서

는

아이가 거기 있었다.

이 깊은 새벽

내 병 때문에 벌 세우는 마음 알기에

질퍽이는 마음 끌어안고

잠 못 들어 전전반측

아이구
　　형님,
　　　팔자대로여유

- 아랫동서 -

부엌 모퉁이
나물 무치던
양념 묻은 손을
들고 서있다.

아랫동서가
내 손을 잡고 와서는
지렁이같이 야들한 손가락을
쪼물락쪼물락

퐁퐁발라 닦인다.
아이고나

"우리형님
아가 손."

까르륵 깔깔 말한다.

"응 친정엄마가
손 곱게 살라셨어."

"저는요, 형님
새엄마 밑에서
아홉 살부터
밥해 먹었어요."

"미안해~"

"어이구나~ 형님

팔자대로예요."

"고마우이~♡"

(다정한 사람아~♡)

> ※**덤** 동서(同壻)
>
> 어떤 사람들은 동서지간을 東쪽과 西쪽으로 쓰면서 동서지간은 극 과 극으로. 함께할 수 없는 사이라고 한다.
> 그런데 그렇지 않다.
> 동서同壻는 한 가지 동同에 사위서壻로 사위서壻는 한 터 土에서 서로 돕는 사이를 말한다.
> 한 집안으로 시집와서 서로 돕는 한배를 탄 사람들이다.

얼릉

흥(興)해라,

'흥'

-죽이는 말, 살리는 말-

몇 해 전 겨울

딸아이가

심심하다고 아빠 일하는 곳엘 따라갔다 와서 꺽꺽 울었다.

아빠가 노동하는 모습이 퍽이나 고단해 보였나 보다.

우리 아이들은 아빠랑 밀접하다.

우리 집은 에덴의 동쪽에 있는 동물원 같다.

식구 간에 정이 사람과 짐승의 경계선쯤인 본능으로 서로를 애낀다.

며칠 전에도 딸아이가 새벽에 화장실 가다가 아빠가 지방엘

다녀온다니까,

눈을 번쩍 뜨며 아빠를 따라간댄다.

이유는 요즘 아빠가 쉬는 날도 없이 계속 일이 쌓여서 졸음운전할까봐 따라간댄다.

할머니도 뵙고 온다고 기어코 갔다.

아빠 일 마치고 딸아이가 할머니를 만나 안아드리며 "많이 보고 싶었다.", "할무니한테 좋은 냄새 난다."고 야들한 살결로 할머니께 붙댕겨 살갑게 부벼대니, 생전 사랑표현을 들어보지 못 하시던 우리 시엄니 아들과 손녀 배웅하시고

얼릉 내게 전화하셔서

좀 전에 있던 얘기 하시는데

마음은 풍선이요

목소리 동동~♡ 발그레 상기되셨다.

무례한 내가 그 풍선 바람을 빼는 발언을 한다.

"엄니

어무니 보다

 제가 자슥을 더 잘 길렀지요?"

(천하에 이 뭔 말 뻑따구 같은 버르장머리 없는 소리를 한다냐—)

우리 엄니 왈

"그려 맞어, 맞어
내 항시 너한테 미안코 고맙다
아이구 우래기 우래기."
며느리인 나를 "우래기 우래기"라고 하신다.

내 이렇게 무례한 듯 응석을 부릴 수 있는 건
엄니 안에 느른 내 자리가 얼마큼인 줄 알아서이다.

오늘 아침 눈 비비고 나오는 딸에게 우리
버럭님 "커피~"라고 하니

딸아이 방글방글
네~♡ 커피요정 곰방 가요~♡"하고는 주방으로 퐁당퐁당 달려간다.
내가 딸에게
열 번이고 백 번이고 어쩜 요리도 살갑니? 라고 했더니

버럭님이 말을 가로채서 왈
"지가 커피 타기 좋아하니까 그러겠지."

딸 왈
"아니예요.
아빠를 좋아해서 하는 거예요."

나 왈
"한 사람은 죽이는 말을 하고 한 사람은 살리는 말을 하네."

옛 어른들은 생활 속에서도
아이의 코를 풀리면서도 "흥興해라 흥." 발전하라고 '흥' 하라고 했다잖우?

> ※덤 興일어날흥자는
>
> 舁 마주들여+한가지동同이 합해진 글자로 함께 마주 들어서 일어나다 흥입니다.

 남들

눈엔 불효,

엄니 눈에 효부

어머니 집에 가면 나는 베개를 안고 엄니방으로 건너간다.
우리엄니 속으로 반가우면서도
"애비랑 자야지 여기는 뭣하러 온다냐~"
라고 하시면

내가
"싫어요. 어무니랑 잘래요." 하고는 엄니 이불속으로 폭 파고
들어간다.
깔깔~ 웃으시는 어머님께
"어무이~ 저 내일 몇 시에 일어나요?" 라고 물으면

"어매 집에는 일하러 온 게 아니고
쉬러오는겨~, 고단할테니 저녁 때까장 자도 돼아~"

"정말요? 야호~우리엄니 만세~"
소리치고는 이런저런 얘기를 하다가 잠이 든다.
늘어지게 자고는 조용해서
눈을 뜨면 우리식구는 모두 코를 골며
자고 있는데 우리 엄니 우리들 깰 까봐 가만가만 밥해 놓으시고 들에 나가시고 안계신다.
나는 부시시 일어나 어미찾는 송아지처럼

"어무니~ 어무니~"

맹맹거리며 불러대면 텃밭 저만치서
"워~이, 나 여기있다. 밥은 먹었니? 그리고 거기 그늘에 앉아 있어라. 들어오지 말어. 요긴 모구새끼들이 많아서 따가워. 그리고 지~다란 놈도(뱀) 독이 올라서 위험해."

"네~"

나는 밭둑 그늘에 앉아서 노래를 부르고 늙으신 시어머님은 땀을 줄줄 흘리시며 풀밭을 매신다.

엄니는 날더러 노래는 그만하고 옛날 얘기나 해달라고 하신다. 난 그럼 구수한 입담으로 어머님께서 좋아하시는 옛날이야기를 이것저것 해드리면 깔깔 웃으시며 "그렇다니? 너는 어쩜 그렇게 얘기를 잘하니?" 하시면서 애덜처럼 좋아하신다.

남들이 보면 팔순에 노모는 밭 매느라 땀을 절절 흘리고 젊은 며눌년은 나무 그늘에서 노래나 뺙뺙 부르고 있으니 이 얼마나 가관이랴만은 어머니와 나의 관계는 이와 같다.

그렇게 사나흘 함께 지내다 집으로 올라올 때는 땡볕 내리쬐는 마당에 서서 우리가 안 보일 때까지 마냥 서 계신다.
그럴 때마다 "자주 와야지, 자주 와야지." 다짐을 하지만 자주 내려가지 못할 뿐만 아니라 요즘엔 펜션을 하면서 더욱 찾아뵙지 못하고 있다.

컴컴한 새벽에 써놨던 일기를 선별하는 지금 이 글을 대하니 엄니 보고픔이 울컥 올라온다.

총기 있으시던 어머님에게 요즘 치매가 드나든다.

> **※덤 치매(癡呆)**
>
> 癡 —어리석을 치
> 이 글자는 疒(병들어기댈녁)+疑(의심할의)로 이루어진 글자로 치매인가 건망증인가? 아리송한 병이다.
> 呆 – 어리석을 매
> 이 글자는 사람이 나무 꼭대기에 올라가 있다는 뜻이다.
>
> 그래서 옆에서 사람이 지키고 보호해야 되므로 지킬보保라는 글자가 생겼다.

 우리

　　　가족은

　　　　　#즘승이다

몇 해 전 일이다
딸아이가 중2, 중3 쯤 일게다.

본가로 가는 고속도로 꽉꽉불통
오줌보 탱탱 진땀 바작바작
휴게소로 가는 차로는 꼼짝도 않고
현기증에 구역질까지 올라오는 데도 견디고 견뎌 얼추 휴게소로 진입하려는 순간, 휴게소 진입차선이 아닌 직진 방향에서 달려온 차량이 우리 차 앞머리에 밀고 들어온다.
우리 버럭님 질쎄라, 이길세라 지그재그 옥신각신 기싸움에 되려 그쪽에서 우릴 향해 주먹을 내 보인다.

결국 저들이 먼저 갔다

내가

여보, 미친개랑 싸우지 말자.

욕 잘하는 딸아이는 뒷 자석에서 씨足나足 아빠대신 막 그어 댄다.

공교롭게도 주차하고 나오다가 그놈과 마주치니, 우리 버럭이 주머니에 손 찔러 넣은 채 크지도 않은 키에 어깨를 송곳이 세워 즘승처럼 키우고는(그래봤자 그기서 그기구만)

ᅎᅌ

"이봐 형씨

그럼 되겠소?"

그짝 반응도 한 술 더 떠서

"니 및 살이나 처먹었냐?"

"내요?

묵을 만큼 묵웃시다."

"이런 어린노무새끼가!"

하더니 순식간에 우리 버럭님 멱살부터 잡아 올린다.
순간 내가 날쌘 살쾡이가 되어 비호처럼 날아들어

"이게 미쳤나!"

쌩 반말을 날리며 내 오른손은 벌써 우리 버럭에 멱살 잡은 그짝 남자 손등을 벽돌처럼 내리쳤다.

0.8초 차이로
내 등 뒤에 선 중 3짜리 딸아이가
"씨발―"하고 사금파리 깨지는 소리로 내질렀다.
그 찰나에 묵직한 내 아들 그 짝 남자를 뒤에서 허릴 끌어안아서 휙, 내동댕이치니 저 짝 뒤편으로 굴러떨어진다.

그 짝 편에 아내와 스물 남짓한 딸이
"우리가 잘못했어요. 죄송해요, 죄송해요." 몇 번이고 허리 굽혀 사정하고,
조만치 떨어져 서 있는 고등학생쯤 돼 보이는 그 집 아들은 시선을 피하고 빗겨 서 있다.

버럭이도

"잘 알아들었습니다. 미안합니다."하고는 우리 넷은 화장실을 향해가고 뒤돌아보니, 그 집 아들은 여전히 그냥 서있고 두 여인만 땅바닥 남자를 향해 뭐라고 해댄다.

'벌떼같은 우리 집 건들지마요.' ㅋ

내는 기러기 아빠도 싫고
손 뻗으면 만져지는 거리에 항상 우리 식구가 있기를 바래.
식구는 같이 밥 먹고
좁은 공간에서 내 날숨 네 들숨 되고
네 날숨 내 들숨 되어 호흡을 함께하는 그런 사이
그러면서도 각자를 인정하자.

좋다
참 좋아

 바카스

병 든

꽃

"너를 생각하면

가심이 으깨진다."

며칠 전에

시어머님이 내게 하신 말씀이 울컥울컥 넘어와서 내 가심도

물 먹은 흙덩이처럼 무너져 내렸다.

시어머니, 친정엄마 구분 없이 내게 지극한 분이면 내도 그

지극을 배우더라.

나 25년 전에 혼인할 때

우리 엄니 옥빛 담은 60세이셨다.

내를 귀히 여겨 묵묵히 챙기시고 내 흉 허물은 덮고 덮으셨다.
십 여년 간 며느리 보약과 푸성귀 나올 때면 김치 해서 택배 하시며 올망 졸랑 함께 보내셨던 봉다리, 봉다리, 정 봉다리.
아버님 요양원 계시면서 언젠가부터 부엌살림이 다~구찮다고 하셨다.
그야말로 혼밥을 대충 허기만 때우시며 살아가신다.
2년 전부터 엄니 드실 찰밥과 국 그리고 나물 반찬이나 장조림 등 정성껏 만들어 봉다리 봉다리 싸서 택배를 해 드리고 있다.
국과 찰밥을 각각 10봉지씩을 양도 많고 작게 나누어 보내면 냉동 보관했다가 드신다.
어머님이 20년간이나 생색없이 우리에게 정성 보내심을 부모로서 당연한 일이라고 하시지만 나는 당연하다고 여긴 적 없다.
우리가 당연한 듯 누리는 일상들이 알고 보면 가장 소중하다.
며칠 전 보내드린 택배를 동네 아줌니들과 여시고 국과 밥 한 봉지씩 주셨다면서 이제 다시는 음식 만들어 택배하지 말라신다.
"안즉은 내가 꿈지럭거릴 수 있다."

내도 속으로
'엄니 지도 안즉 꿈지럭 거릴 수 있으니까 해요.'
뱃속 깊이 눌러둔 말이
목구녕을 타고 올라오는 것을
난
말을 꿀꺽 삼켰다.
이어지는 엄니 말씀이

"난 너를 생각하면
가심이 으깨지는 거 같어."

……
그러고
뭐시기 그 뭐냐
"니가 바카스(파킨슨) 병인가 뭐신가 들었다고 혀서 짜장말로 속상혀."
그 느린 손으로 음식 만들어서 보낸 봉다리, 봉다리 끌를 때마다 내 가심이 으깨진다.
뭐라 뭐라

더 말씀하셨는데 난

지구가 멈춘 듯

병원에 임종한 환자의 계기판 모니터에 한 줄로

지익————————

줄긋듯 내 몸속 혈관 속 피가 촛농처럼 굳는 듯했다.

전화를 끊으시며

어이구 우래기 우래기

시상에나

우래기 우래기

소리가 긴~잔상으로 남아 내 귓속을 뱅뱅 돌아 간지럽혔지

만

난

소금기둥처럼 꼼짝없이 거기

서 있었다.

 왜

웃니….

그냥이요

세 명에 친구들과 기차를 타고 여행 삼아 어머님 댁에 갔다.
기차표를 예매하며 설레고, 뭐 사갈까 고민하며 행복하고,
쑥과 취나물, 머위, 씀바퀴 뜯을 기대감으로 가기로 결정한
날부터 들떴다.
어머님도 들뜨셨나보다.
며칠에 한 번씩 전화하셔서
"피곤할 테니 모두 자고가라고 해라."
"몇 시 차로 오니?" 전화 목소리가 복사꽃처럼 발그레~하다.
기차에서 내려 택시타고 어머니 집 언덕에 올라서니 저만치
마당 모퉁이에 나오셔서 기다리고 계신다.

차에서 내리는 우리더러
"오느라고 욕봤시유~어여와유~" 하신다.
하얀 쌀밥에 알이 주홍빛으로 찬 꽃게탕을 끓이시고
간장게장 담으신 걸 꺼내 놓으시며

"우리 적은 며누리가 이 게장을 좋아해서 담어봤시유~"

함께 온 인경이가 "언니, 언니네 어머님 말속에 언니가 얼마나 사랑을 듬뿍 받는지 알겠어."
꽃게탕에 맛나게 밥 먹고 집 옆 텃밭과 들로 나가
머위, 쑥, 달래, 취나물, 민들레, 개망초 뜯으며 보드란 바람과 따스한 햇볕, 향그런 나물향기….
콧구녕 벌름 키워 맑은 공기
한껏 마시니 온몸이 맑은 기운으로 가득한 듯 몸이 가볍다.
봉다리,봉다리마다 나물 나눠 담으며 어머니 인정도 함께 담겼으리라.
친구들 저녁에 먼저 보내고 엄니랑 부추전, 쑥전, 취나물전을 부쳐서 먹으며 마주보고 웃으니
우리 엄니가

"왜 웃니?" 하시길래

내가

"그냥요, 너무 좋아요." 하니까

엄니도 따라 웃으신다.

그렇게 마주 보고 웃었다.

베개도 웃고 장농도 웃었다.

친구와 다녀온 뒤, 엄니 걱정에 음식을 해서 택배를 보냈다.

전화기 너머에서 들려오는 엄니 소리가 꿀꺽 뜨건 침을 삼키시곤 이내 고맙다, 맛나다, 하신다.

늘 택배를 자식에게 보내시는 건 당연히 여기시면서 며칠 전 보내드린 나물반찬 몇 개와 황태 미역국과 찰밥을 해서 보내드렸더니 고기반찬도 아닌 푸성귀에 고맙단다.

엄니는 집에 오시면 내 장농서랍과 씽크서랍을 가만가만 열어보신다.

나는 따라 댕기며

아이쿠 내장 나와유

살림 못 한다고 내쫓지만 마세요.

내쫓으면

엄니 손해예요.

"그람, 그람 손해고 말고."

엄니는 나를

내도 엄니를 여자로 이해하니

서로 배려한다.

베개 안고 엄니 방으로 건너가고 싶은 밤이다.

※덤

媤시집시—女+思(생각사)로 여자가 생각을 잘 해야하는 것이 시집이다.
그래야 집안이 평화롭다.
婦며느리부 · 아내부
 - 女 + 帚비추): 빗자루 들고 청소하는 여인—며느리, 아내
姑시어미고 · 고모고—여자가女 태어난 지 오래古 되면 고모도 되고, 시어머니도 된다
 - 姑母고모
姨이모이—이모는 여자女 오랑캐夷다 —외척을 멀리하게 함.
 - 姨母이모
夷오랑캐이—大+弓활궁
 - 큰 활 메고 다니는 놈들. 그 빗자루가 몽둥이가 될 수도 있다.

 딸

아이

드레스값

딸아이의 나긋한 손을 꼬옥 잡고 걸었다.
상긋한 살결이 주름진 내 손으로 스며든다.
택배 보내려고 짐을 들고 나서는데 딸아이가 내 짐을 가로채서 번쩍 들고 앞장선다.
내가 따라가서 손을 꼬옥 쥐었다.

딱 요맘때
20년 전.
이 길은 네가 방방 뛰며 울고불고 난리 친 길이다.
너희 둘은 떼쓰는 게 없는데

그날은 자주 오는 이 쇼핑센타에 드레스를 사달라는거야
나는 비싸기도하고 집에도 드레스가 몇개 있어서 안 된다고 했더니
네가 악을 악을 쓰면서
"우리 엄마, 나쁜 엄마예요~
드레스도 안 사 줘요~
나쁜 엄마, 나쁜 엄마~~"
방방 뛰고 울면서 길거리 사람들에게 엄마를 고발하더라.
그렇게 따라오다가 내가 뒤돌아서 기다리면 너는 멈췄다.
가고 서기를 반복 하다가, 내가 앞만 보고 가니까 더 크게 악을 쓰며 울더라
그래서 우래기 병 나겠다 싶어서
뒤돌아서 다가가서 꼬옥 안아주면서
"아가,
그렇게 갖고싶어?" 했더니
네가 "너무 갖고시퍼어엉엉엉."
그랬구나~
그렇게나 갖고싶구나.
알았어.

엄마가 미안해.

그 정도로 갖고 싶어하는지 몰랐어.

엄마가 꼭 사 줄게

그런데 오늘은 너무 피곤하니까

내일 아침 일찍 사러 가자.

그랬더니 당장 가자고 안 하고

알았대 내일 꼭 가자고 하더라.

다음 날 갔더니

50% 세일 ㅋ

대박!

그래서 피자도 사먹고 책도 샀어

그 드레스는 오래 입었어

엄마 그런데 그때 나를 두고 가면서 어떻게 그렇게 뒤도 안돌아보고 갈 수가 있어?

응.

그럴리가,

엄마 가방 속에 화장품 꺼내서 케이스에 붙은 거울로 보며 갔지.

헉!
진짜 나쁜 엄마다.
내는 얼마나 속이 탔는데ㅎㅎ

어린 자식한테도 잘못했으면 사과하고
사과하는 손은 잡아야 한다.

살면서 늘 선택의 갈림길에서 협상을 잘해야 한다.
힘으로 누르는 협상이 아닌 알맞은 거리에서 공정하게 한다.

※덤 容恕용서

容은 얼굴 이라는 뜻도 있지만 허용하다 용서하다 는 뜻도 있습니다.
恕용서
如같을여+心마음심
상대방 입장에서 동등한마음으로 이해가 됐을때 찌꺼기없는 용서가 된다.

 엄마

밖에

안 보여

어제

두 남정네는 가평 가서 일하고 두 여인은 집에서 쉬었다.

난 마탕칼국수를 해 먹여 보내고는 어머님이 우리집에 오실 거라해서 백김치 담는다고 오후 저녁, 밤 내내 주방에 서서 있었다. 너무 기력이 떨어져서 설거지 마무리를 부탁했더니, 딸이 흔쾌히 와서 설거지를 하더니 개수대 거름망에 음식물 찌꺼기가 많다고 뭐라뭐라 해대는데 말투가 아랫사람 나무라듯 통통 그어댄다.
더구나 길다.

난 대꾸도 않는다.
여러 번 물어도 내 묵묵부답이니 또 삐졌냐고 발광한다.
그러거나 말거나 안방 들어와서 문을 꼬오옥 닫았다.
…
난 깊이깊이 잠들었다.

아침을 차리며 먹구름 걷히고 햇살같은 소리로

"밥먹을래~♡?" 했더니
식탁으로 나온다.

"엄만 어제 그런 상황에도 잠을 엄청 잘 자더라구
난 4시가 넘도록 마음 불편해서 못잤어."

"지영아!"

어제 네가 한 설거지 마무리는 엄마가 어제 한 일에 30분에 1도 안돼.
옥에 티 중에 옥은 안보고 티만 타박하니?

엄마도 힘들어

"그러니까 하지 말라고!"

"할머니 생신에 오신다잖어,
할머니 생신 싫어?"

"난 그런 거 몰라.
엄마 밖에 안 보여.
엄만 아프잖아."
…

"그래
한 명을 선택해야 할 땐 엄마를 택해라
그렇지만 함께 할 수 있으면 더불어 가야지."

너의 화냄도
애정 꽃이 다이나마이트 꽃으로 터진 거라는 걸
엄만 안다.

...

응 엄마.

 # 엄마, 그냥 해주고 싶었어

- 인인시교(因人施教) -

난
내
딸이
어렵다.

반수하고 겨우 1학년인 딸아이에게 입시 미술 강사를 요청 받고 계약을 했다고 해서 덜컥 놀랬다.

"경험도 없이 어쩌려고 그 중요한 일을 하겠다고 했니?"

라고 하자,

"엄마 20대 중반에 무슨 경력이 있겠어요. 그냥 지켜보세요."
하더니
입시생보다 더 펄펄 끓으며 날 밤새며 인인시교(因人施敎―개개인에 맞는 교육)하느라 애쓰는 게 보였다.

학원에선 딸아이에게 최저 시급만 줬지만 9명 중 7명이 수시 합격을 했고
낙방한 아이가 딸아이에게 전화 걸어
울면서
"선생님이 하도 뜨겁게 가르쳐주시고, 확 깨는 정신교육에 저절로 뜨거워져서 평생에 이렇게 죽을 만큼 열심히 산 거 처음인데 떨어졌으니 어떻게 해요."
으흐흐흥 으으…

딸아이가
알지
네가 얼마나 열심히 했는지 내가 알지

그런데

이렇게 생각하자

너보다

더 먼저 정신차려 맘먹고

더 열심히 공부한 사람이 합격한 거야

그런 사람이 있다면 그가 합격하는 게 맞아

그럼 저는 어떻게 해요

엉엉~운다

아직 끝나지 않았어.

얼릉 눈물 닦고

2차 수시 있으니 함께 준비하자.

결국 2명마저 합격하는 100%의 결과를 이뤘지만

합격 후에

시급 1만원씩만 받았다고 하길래

으잉?

학원에 수강료가 150만원 이상인데

예체능 입시 1대1과외를?

실기

자기소개서

모의면접 훈련까지 해줬는데 시급 만원?

"엄마,

그냥 해주고 싶었어.

합격만 바랬어."

내가 아직 학생이고 넉넉지 않아서 받았을 뿐

내가 만원씩만 주라고 했어

그것도 합격된 거 알고

…

딸아인 내게도 냉철한 평가로 나를 놀라게 한다.

뜨듯한 나는 버겁고

섭섭할 때가 많다.

조금만 흐리멍텅하면 안되겠니?

〈남편 버닉, 어린 두 자녀와 함께〉

[글을 맺으며]

 살아

있으니

삽니다

가슴이 덜퍽 내려앉았다.

혼인도 안한 아이들이 있는데 혹시 나의 지병으로
딸아이 혼인에 걸림돌이 될 수도 있다는 생각에 가슴이 덜퍽
내려앉았다,
출판사에 의논했더니 그 글들을 빼자고 한다.

"아닙니다. 그걸 빼면 베이스 없는 합창이요,
삭힌 홍어에 톡―쏘는 맛이 없는 것과 같습니다.
고민해봅시다."

딸아이가 주말에 우리 부부가 있는 펜션으로 왔다.

이틀간 함께 있으면서도 입이 떨어지지 않아서 말을 못했다.

다음 날 오전에 딸아이가 문자를 보내왔다.

카톡을 주고받다가 내가

"의논할 일이 있어.

아직 상견례도 안했지만 혹시라도 엄마 아프다고 그 댁에서

너를 반대하면 어쩌나 염려가 되어 출판을 중단시켰다."

딸아이가 놀래서

"엄마 그런 이유로 반대한다면 그 집에 시집 못가지.

아니 내가 안가지."

"그래도 부모 마음은 좀 다르지."

"알아요. 부모입장 이해는 해요."

그러잖아도 사귀는 오빠한테 결혼이 늦어지면 우리 엄마가

걷기가 불편할거라 말했어.

그랬더니 오빠가 걱정 마, 그렇게 되면 우리 엄마가 어머니

휠체어를 밀고 가서 촛불 켜면 돼~ 라고 했어.

"이렇게 훌륭한 자식으로 키우신 부모님이니 나도 믿어."
라고 했다.

나는 작가도 아니고 이렇게 책으로 내려고 글을 쓴 게 아니었다.
10년의 일기를 스토리에 공개해서 서로 공감하고 위로하고 소통했다.
누군가 내게 왜 사느냐고 물으면
행복하려고 산다는 책 같은 말은 안 할 것이다.
나의 대답은
"살아있으니 삽니다."
라고 할 것이다.

울타리 너머에서 바라보면 울타리 안 사람들은 죄다 행복해 보인다.
그렇지만 그렇게 보일 뿐
함께 살아보면 또 다르다.
우리 식구들 사는 이야기를 펼쳐보였다.
마치 얇은 옷을 입고 찜질방에서 나누는 수다처럼 가깝다.
집집마다 처한 상황이 있으리라.
그러한 중에도 문득문득 행복하고 설렌다.
살다가 넘어져 업히는 날에도

"끝났구나."

낙심치 말고 업힌 상태에서 내가 할 수 있는 일을 하면 된다.

나를 등에 업은 이를 안아준다.

그러면 포개져 맞닿은 등과 가슴이 따듯하게 덥혀진다.

열호당 펜션에서

남전 이종분

[편집자 주]

역사만 해석하기 나름인가?
삶도 받아들이기 나름 아닌가

글 : 김재석 작가

이종분 훈장(63년생)은 카카오 스토리 세대다. 약 10년 전 카카오 스토리에 개인 일상사를 글로 올리면서 그녀의 스토리는 시작된다. 지금은 페이스북, 인스타그램으로 SNS의 폭도 넓어지고 이용자도 대부분 넘어갔지만, 당시의 카카오 스토리는 SNS의 대세로 그녀에게 세상을 잇는 공감과 소통의 장이었다. 그녀가 일상을 유쾌한 필체로 카카오스토리에 올리면 공감의 댓글이 수십 개에서 수백 개씩 달렸다. 카카오 스토리로 방문자가 많을 때 친구만도 2천 여 명이다. 어쩌면 카카오스토리가 만든 새로운 방식의 에세이스트이다.

그녀의 공식적인 명함은 학생들에게 한문을 가르치는 훈장 선생님이다. 카카오스토리에선 그녀가 올리는 글에 따라 다양한 애칭으로 불린다. 사랑꾼, 바른생활 훈장님, 이댕고, 이사임당, 애기낭구 등등. 그리고 이제 그녀는 카카오 스토리 식 글쓰기로 작가의 문을 열려고 한다.

그녀의 카카오 스토리 식 글쓰기의 특징은 입말에 있다. 경기도 안성 출생인 그녀의 사투리(?) 발음이 그대로 글로 옮겨져 있다. 아마 출판 작가였다면 적잖게 출판사를 당황(?)하게 했을 수 있다. 표준말에 익숙한 출판사로서는 충분히 그럴 수 있다. 역으로 만약 그녀가 반듯하게 표준말로 카카오 스토리에 글을 썼다고 하면 이웃 맺자는 사람들이 확 줄었을지 모른다.

'조금 가차이 오세요. 얘기 해 줄게요.'
'알락달락 단풍처럼 낑궈놨다.'
'이누무 지지배 너 핵교 댕기지마!'
'고모가 깨까시 빨어서 줄게.'

그녀의 입말은 대화 글이나 설명 글에서도 흔하게 접할 수 있다. 보통 이런 글을 컴퓨터 한글 프로그램에서 쓰면 바로 밑줄에 빨간색 수정표시가 뜬다. 그래서 의식적으로 표준말로 고치게 된다. 카카오 스토리는 표준말을 쓰라고 있는 글판도 아니고, 구수한 입말로 얼마든지 내 이야기를 자유롭게 풀어 놓을 수 있다. 그녀는 처음부터 출판 작가처럼 글짓기하려는 것이 아니다. SNS라는 시대의 옷을 입은 카카오 스토리가 낳은 에세이스트이다. 글을 올리면 자신의 일상을 바로바로 공감해 주는 구독 이웃들과 댓글로 소통한다. 위로하고, 격려하고, 상담도 하고, 좋아요♡ 하트도 받으며 가족들에겐 '이만하면 나도 사랑받는 작가지 왜이래.' 하며 우쭐했을 수도 있다. 아마 이 책이 나오고 난 다음에는 그녀의 공식적인 명칭은 작가 선생님(?)이 되지 않을까 싶다.

그녀의 글은 유머러스한 면이 다분하다. 위트도 있고 해학적인 면도 없지 않다. 이런 이야기를 그녀 식으로 표현하면 이럴 것이다.
'웃기고 짜빠졌네.'^^ ….
어떤 구독 이웃이 이런 댓글을 남겨놓았다.
'글 쓰는 표현은 천상여자인데 아픈 중에도 밝고 씩씩하게 살아가는 모습은 뚝심 좋은 남정네 같다.'

요즘 그녀는 아픈 몸을 추스르며 삶이 주는 가능성과 기회, 행복을 찾아서 멀리까지는 가지 않고, 가차이(가까이)에서 가족이라는 응원군과 함께 일상의 삶을 오롯이 살아내고 있다.

"어머님이 내가 만든 간장게장 엄청 좋아하시잖어."

"한끼니 사드리지 무슨 번거롭게 난리냐." 하더니
남편이 버럭하면서 어머니 전화해서 오시지 말라고 해야겠단다.

난 아뭇 소리도 안내고
스댕그륵만 개수대에 패대기쳤다.
…
(바보 내가 당신을 좋아하니까 엄니가 오신다는 소식이 반가운 것이지만
지금은 당신을 제외하고도 엄니랑 나는 끈끈하게 애낀다.)
'한 끼 사드리면 될 일이라고?'
(평생 모시고 사는 이들도 있는데
모처럼 오시는데 남에 손 빌어서 밥을 해드리노?)
속으로 웅변하는 연사처럼 부르짖었다. 온몸이 지릿하다.

…

내 뒷모습이 단호해 보였는지

몇 발치 등 뒤에서 머뭇머뭇

내 마음을 풀어주지 못하고 어색히 서 있더니

"힘들게 살지 말어."

…

그 한 마디에

내 마음은 봄날

- '내 마음은 봄날' 본문 中에서 -

요즘 그녀의 남편 버럭에는 애잔함이 스며있다.

'힘들게 살지 말어.'

이 한마디에는 그녀의 마음을 녹여내는 따뜻함이 있다. 그녀에게 가족이란 울타리를 넘어 '카렌시아'(안식처, 숨터)란 표현이 어울린다. 단지 끈끈한 정과 핏줄로 이어진 관계라고 하기엔 설명이 부족하다. 그녀에게 남편은 이 생에 단 한 사람만 만나야 한다면 당신이라고 말할 사람이다. 알콩달콩보다는 티격태격하는 사이인 건 분명한데 그 사이에 흐르는 감정선은 미묘하다.

병원이다.

주기가 빨라졌다.

며칠 전 내가

"당신 나 없으면 무섭겠지?

그러니까 있을 때 서로 잘하자"라고 했더니

새 장가 가겠단다.

… 중략 …

새벽에 6시30분 서울대 병원으로 함께 갔다가 돌아오는 차 안

적막이 흐르고

…

내가 입을 뗐다.

당신이 새장가 간다는 말이 엄청 속상하더라

지구에 홀로 남겨진 것 같고

속이 알맹이 다 빠져나간 빈속처럼 허기져

…

고요가 흐르고 둘은 앞 만 보고 간다.

…

그러니까

죽지 마!

나도 무서워

원래

남자들이 더 겁이 많아

…

"응"

- 오늘 밤엔 당신을 좀 먹어야겠다 본문 中에서 -

'여보, 나도 두려워. 그러니 일찍 가지마.' 하는 속내를 들어내는 말에는 어떤 간절함이 녹아있다. 그런 남편의 마음이 잘 전달되어 그녀의 삶이 하루하루 건강해지길 바란다.

그녀는 1988년도부터 한문교습소 열호당 학당을 운영하는 훈장이다. 2008년에 한국학중앙연구원 청계서당에 입학하여 3년간 수학을 하고 수석졸업을 하였다. 2011년에 단국대 대학원에 입학하고 4학기를 마칠 2013년 때 쯤 파킨슨병이

발병했다. 박사학위 과정을 하면서 대학출강을 준비하던 시기였다. 그녀의 꿈을 확 꺾어버린 병으로 나락으로 떨어질 것 같은 마음이었지만 두 아이의 엄마로, 한 남자의 사랑스런 아내로 살아내야 할 삶의 자리가 있었기에 오늘도 병을 다독이며 하루하루 파이팅하고 있다.

그녀가 카카오 스토리에 발을 내딛은 시기도 이때다. 역사학자인 에드워드 카의 말처럼 역사는 과거와 오늘의 나와의 대화이고, 해석하기 나름(?)이라는 말처럼 삶도 내가 어떤 해석을 할 것인가가 중요하다. 환자처럼 살 것인가, 건강한 소통과 위로의 삶을 살 것인가, 그녀의 카카오 스토리에는 아픈 이야기는 없다. 아니 웃음 코드와 씩씩한 모습으로 진솔한 이야기를 풀어낸다. 내 병이 대수냐, 하는 식이다.

그녀의 이야기가 누군가에는 위로가 된 경우도 많았다. 남편을 잃고 매일 술로 살던 한 분이 직접 그녀를 찾아와 그녀의 카카오 스토리를 읽고 많은 위로가 되었다는 이야기를 하면서 이제는 술을 줄이면서 점차 회복하고 있다는 이야기를 전했다. 스스로 위로의 삶을 살기 위해 시작한 그녀의 스토리이지만 오히려 다른 이들에게도 위로를 던졌다.

　　살다가 넘어져 업히는 날에도
　　"끝났구나."
　　낙심치 말고 업힌 상태에서 내가 할 수 있는 일을 하면 된다.
　　나를 등에 업은 이를 안아준다.
　　그러면 등과 가슴이 따듯하게 뎁혀진다.
　　　　　　- '살아있으니 삽시다' 본문 중에서 -

우리는 사랑하고, 일하고, 경험하는 세상의 모든 일에 이유가 있기를 바란다. 유한한 나의 삶에 헛된 일이 없었으면 하는 바람이야 누구나 있지 않겠는가. 그녀는 '업힌 상태에서 내가 할 수 있는 일을 하면 된다.'는 삶을 긍정적으로 대하는 자세로 그 헛됨을 지워버렸다.

그녀의 삶에 이 책이 또 하나의 이유가 되기를 바란다.
"봐! 봐!, 나도 작가다. 뭐든지 내가 할 수 있는 일을 하고 있으면 삶은 또 다른 선물을 준비해 놓고 있는 거야."